Lógica para principiantes

FUNDAÇÃO EDITORA DA UNESP

Presidente do Conselho Curador
Herman Jacobus Cornelis Voorwald

Diretor-Presidente
José Castilho Marques Neto

Editor-Executivo
Jézio Hernani Bomfim Gutierre

Conselho Editorial Acadêmico
Alberto Tsuyoshi Ikeda
Áureo Busetto
Célia Aparecida Ferreira Tolentino
Eda Maria Góes
Elisabete Maniglia
Elisabeth Criscuolo Urbinati
Ildeberto Muniz de Almeida
Maria de Lourdes Ortiz Gandini Baldan
Nilson Ghirardello
Vicente Pleitez

Editores-Assistentes
Anderson Nobara
Fabiana Mioto
Jorge Pereira Filho

PEDRO ABELARDO

Lógica para principiantes

Tradução do original em latim
Carlos Arthur Ribeiro do Nascimento

2ª edição
2ª reimpressão

Título do original em latim: *Logica "Ingredientibus"*
1ª edição: Editora Vozes, 1994
1ª reimpressão: Editora Vozes, 1994

© 2005 da tradução brasileira:
Fundação Editora da UNESP (FEU)
Praça da Sé, 108
01001-900 – São Paulo – SP
Tel.: (0xx11) 3242-7171
Fax: (0xx11) 3242-7172
www.editoraunesp.com.br
www.livrariaunesp.com.br
feu@editora.unesp.br

CIP – Brasil. Catalogação na fonte
Sindicato Nacional dos Editores de Livros, RJ

A121L
2.ed.

Abelardo, Pedro, 1079-1142
  Lógica para principiantes / Pedro Abelardo; tradução do original em latim Carlos Arthur Ribeiro do Nascimento. – 2.ed. – São Paulo: Editora UNESP, 2005.

  Tradução de: Logica "Ingredientibus"
  ISBN 85-7139-628-0

  1. Lógica. 2. Filosofia. I. Nascimento, Carlos Arthur R. do (Carlos Arthur Ribeiro do), 1935-. II. Título.

05-3393   CDD 160
                                                  CDU 16

Editora afiliada:

Asociación de Editoriales Universitarias
de América Latina y el Caribe

Associação Brasileira de
Editoras Universitárias

Para meus pais e meus irmãos que, certamente, vão se espantar muito.

Sumário

Prefácio à 1ª edição . 9

Nota a esta edição . 15

Introdução . 17

Lógica para principiantes . 39

Prefácio à 1ª edição*

A presente tradução da introdução da *Lógica para principiantes*, de Pedro Abelardo, resulta de um trabalho intermitente com a obra, iniciado em 1976. Nesse ano, ministrei na PUC/SP um curso sobre o problema dos universais na Idade Média e pude apreciar a dificuldade do texto de Abelardo, bem como os problemas presentes nas traduções disponíveis. Pouco a pouco fui me convencendo da necessidade de tentar uma nova tradução, o que se efetivou nos anos de 1988 e 1989, graças sobretudo a uma bolsa de pesquisa do CNPq, ao qual apresento meus agradecimentos.

Quero registrá-los também às sucessivas turmas de alunos que, ao longo dos anos, percorreram comigo os meandros do texto de mestre Pedro Abelardo. Cabe uma referência especial ao professor José Carlos Estêvão, cuja excelente dissertação de mestrado – *A ética de Abelardo e o indivíduo* –, da qual fui orientador, me proporcionou a ocasião de avaliar minhas interpretações e de alargar meu conhecimento a respeito de Abelardo.

---

* A primeira edição do presente trabalho foi publicada pela editora Vozes, em 1994. (N.E.)

Foi igualmente de apreciável valia ter podido discutir alguns aspectos do texto em questão nas reuniões de um grupo interinstitucional de história da ciência, patrocinado pela Anpof, durante os anos de 1989 e 1990. Não posso me esquecer, enfim, do professor Luís Alberto De Boni, da UFRGS, pela gentileza em encaminhar este material à editora Vozes, que, por sua vez, o aceitou.

O texto foi traduzido do original latino publicado por Bernhard Geyer, *Peter Abaelards philosophische Schriften*, I, Die Logica "Ingredientibus", 1, Die Glossen zu Porphyrius, em *Beiträge zur Geschichte der Philosophie des Mittelalters*, Münster, 1919, Band XXI, Heft 1, p.1-32. Foram utilizadas também as seguintes traduções:

Ruy Afonso da Costa Nunes, *Lógica para principiantes*, em *Os pensadores*, São Paulo, Abril, 1973, v.7, p.205-45; Richard McKeon, *The Glosses of Peter Abailard on Porphyry*, em *Selections from Medieval Philosophers*, New York, Charles Scribner's Sons, 1957, v.1, p.208-58; Maurice de Gandillac, *Première partie de la Logica "Ingredientibus"*, em *Oeuvres choisies d'Abélard*, Paris, Aubier, ed. Montaigne, Bibliothèque Philosophique, 1945, p.75-127; Clemente Fernandez, s.j., *Logica "Ingredientibus"*, em *Los filósofos medievales*, Selección de textos, Madrid, Biblioteca de Autores Cristianos, 1980, v.2, p.113-40.

Não cabe aqui fornecer uma bibliografia completa sobre Abelardo. Quem desejá-la, encontrará as indicações necessárias nas obras citadas a seguir, sobretudo na dissertação do professor José Carlos Estêvão e no artigo de Christian Wenin. Estão aqui enumerados apenas os textos citados na introdução ao texto de Abelardo e mais alguns outros que constituíram a base para a leitura, tradução e interpretação deste mesmo texto.

S. AGOSTINHO. "De la doctrina cristiana". In: MARTÍN, B. (ed.). *Obras de San Agustín*. Madrid: Biblioteca de Autores Cristianos, 1969; v.15, p.50-285.

BERTELLONI, C. F. Pars destruens – Las críticas de Abelardo al realismo en la 1ª parte de la *Logica "Ingredientibus"*. *Patristica et Mediaevalia (Buenos Aires)*, v.7, p.49-64, 1986.

_____. Pars construens – La solución de Abelard al problema del universal en la 1ª parte de la *Logica "Ingredientibus"* (1ª parte). *Patristica et Mediaevalia (Buenos Aires)*, v.8, p.39-60, 1987.

_____. Pars construens – La solución de Abelardo al problema del universal en la 1ª parte de la *Logica "Ingredientibus"* (fin). *Patristica et Mediaevalia (Buenos Aires)*, v.9, p.4-25, 1988.

BOÉCIO. The Second Edition of the Commentaries on the Isagoge of Porphyry. In: McKEON, R. (ed.). *Selections from Medieval Philosophers*. New York: Charles Scribner's Sons, 1957. v.1, Augustine to Albert the Great, p.70-99.

BOEHNER, Ph. e GILSON, E. *História da filosofia cristã*. Petrópolis: Vozes, 1970.

BRASA DIEZ, M. Abelardo y los nominalistas del siglo XIV. *Anuario del Departamento de Filosofia (Madrid, Universidade Autônoma)*. p.17-32, 1986-87 e 1987-88.

BROWER, J. E. e GUILFOY, K. (eds.). *The Cambridge Companion to Abelard*. Cambridge: Cambridge University Press, 2004.

ESTÊVÃO, J. C. *A ética de Abelardo e o indivíduo*. São Paulo, 1990. Dissertação (mestrado), Pontifícia Universidade Católica.

FOUCAULT, M. *As palavras e as coisas*. São Paulo: Martins Fontes, 1981.

FUMAGALLI, M. T. B. *La logica di Abelardo*. Firenze: La Nuova Italia, 1969.

GILSON, E. *La philosophie au Moyen Âge*. 2. ed. Paris: Payot, 1962.

LE GOFF, J. *La civilisation de l'Occident médiéval*. Paris: Arthaud, 1972.

GUENÉE, B. *O ocidente nos séculos XIV e XV, Os estados*. São Paulo: Pioneira, 1981.

HENRY, D. P. Predicables and Categories. In: KRETZMANN, N.; KENNY, A. e PINBORG, J. (eds.). *The Cambridge History of Later Medieval Philosophy*. Cambridge: The Cambridge University Press, 1982, p.128-42.

JOÃO DE SALISBURY. Metalogicon. In: MIGNE, J.-P. (ed.) *Patrologia Latina*. Paris: Garnier, 1885; CXCIX: col. 823-946.

JOLIVET, J. *Arts du langage et théologie chez Abélard*. Paris: J. Vrin, 1969.

_____. Notes de lexicographie abélardienne. In: JOLIVET, J. et al. (eds.). *Pierre Abélard. Pierre le Vénérable. Les courants philosophiques, littéraires et artistiques en Occident au XIIe siècle*. Paris: CNRS, 1975, p.531-45.

_____. Abélard entre chien et loup. In: JOLIVET, J. *Aspects de la pensée médiévale: Abélard. Doctrines du langage*. Paris: J. Vrin; 1987, p.169-84.

KREMPEL, A. *La doctrine de la relation chez Saint Thomas*. Paris: J. Vrin, 1952.

MARENBON, J. *The Philosophy of Peter Abelard*. Cambridge: Cambridge University Press, 1997.

PEDRO ABELARDO. *História das minhas calamidades*. São Paulo: Abril, 1973. (Os pensadores, 7, p.247-78).

ROBILLARD, J. A. Notes sur la notion de condition (*status*) en Saint Thomas. *Revue des Sciences Philosophiques et Théologiques*. v.25, p.104-7, 1936.

VIGNAUX, P. "Nominalisme", *Dictionnaire de Théologie Catholique*. Paris: Lethouzey, 1931; XI, I: col. 717-84.

VIGNAUX, P. La problématique du nominalisme médiéval peut-elle éclairer des problèmes philosophiques actuels? *Revue Philosophique de Louvain*. v.85, p.293-331, 1977.

WENIN, Ch. La signification des universaux chez Abélard. *Revue Philosophique de Louvain*, v.80, p.414-48, 1982.

São Paulo, 22 de janeiro de 1992.

Carlos Arthur Ribeiro do Nascimento

Nota a esta edição

O presente volume é uma versão revisada de texto originalmente publicado, em 1994, pela Editora Vozes. Alguns esclarecimentos são necessários para a compreensão dos critérios constantes desta edição.

1. À margem esquerda do texto, encontra-se indicada a paginação original da edição-índice em latim, elaborada por Bernhard Geyer (Münster, 1919), que serve de referência aos estudiosos da obra de Abelardo e é a base desta tradução. O ponto exato de quebra de páginas está indicado no corpo do texto por barras duplas (//).

2. Todas as notas numeradas foram inseridas pelo editor alemão.

3. Com o propósito de facilitar a localização de trechos citados por Abelardo, as referências às remissões foram acrescentadas entre parênteses e entre colchetes. As primeiras constam das notas da edição-referência. As segundas, entre colchetes, foram inseridas pelo tradutor. Em ambos os casos, tais remissões, a bem do conforto do leitor, foram ajustadas à numeração de páginas da presente edição.

Introdução

Se é possível discutir sobre a propriedade de se falar de uma "renascença carolíngia", é praticamente unânime a aceitação de que houve uma "renascença do século XII", conforme a expressão cunhada por Charles Homer Haskins. A extraordinária fecundidade de tal renascença foi simbolizada por florescentes escolas (como Chartres e São Vítor) e por personalidades de primeiríssimo plano, dentre as quais avulta "o nosso Abelardo, peripatético palatino" (1079-1142), como o denominará um pouco mais tarde João de Salisbury (1110/20-1180).

A obra de Abelardo distribui-se em várias direções: teologia sistemática, exegese bíblica, sermões, ética, lógica, sem esquecer a poesia e as cartas. Não seria exagero dizer que ele teve papel de destaque em todos esses setores.

No que diz respeito à lógica, Abelardo nos deixou quatro textos: *Introductiones dialecticae*, *Logica "Ingredientibus"*, *Logica "Nostrorum petitione sociorum"* e *Dialectica*. Trata-se do mais importante monumento ligado à chamada "lógica velha". De fato, a carreira intelectual de Abelardo se perfaz antes da vaga de traduções que literalmente submergiu a Europa ocidental na segunda metade do século XII. Aristóteles é para ele sobretudo um mestre de lógica, já que não teve acesso senão a uma parte do *Organon*, pois só temos certeza de que conheceu as *Categorias* e o *De interpretatione* que, acrescidos à *Introdução às categorias (Isagoge)* do neoplatônico Porfírio (232/3-304), constituíam justamente o núcleo do que foi denominado posteriormente de "lógica velha", que comportava também os comentários de Boécio às três obras referidas e mais quatro tratados do próprio Boécio.

Nesse contexto, uma discussão que vinha do século anterior toma grande vulto. Com efeito, Porfírio, no início da *Isagoge*, tinha se interrogado sobre qual tipo de ser devemos atribuir aos gêneros e às espécies (universais): são subsistentes ou estão colocados apenas no pensamento isolado? Caso subsistam, são corporais ou incorporais? Finalmente, sendo incorporais, estão separados do sensível ou estão nele colocados e implicados? Essas questões são transmitidas aos pósteros latinos por Boécio (ca. 470-525), que não só traduziu a *Isagoge* como a comentou. Já no século XI as opiniões se radicalizam em torno das perguntas de Porfírio. Roscelino (ca. 1010-1120), que virá a ser o primeiro mestre de Abelardo, e Guilherme de Champeaux (†1121), com quem entra em contato posteriormente, podem simbolizar os extremos entre os quais a disputa oscilou. De um lado, Roscelino afirmava que os universais não passam de emissões de voz (*flatus vocis*), reduzindo-os, pois, à materialidade das palavras, ao componente físico destas. De outro, Guilherme de Champeaux supõe que os universais sejam o material comum das espécies ou dos indivíduos. Essa essência material (*res universalis*) subsistiria sob as formas particulares que distinguiriam as espécies e os indivíduos. É em relação a ambos os polos que Abelardo irá tomar posição.

Importa, no entanto, observar que as perguntas de Porfírio, sobretudo a primeira e decisiva, são aqui traduzidas na alternativa entre as *res* e as *voces*: o universal, ou é uma *res* (como pretendia Guilherme de Champeaux), ou uma *vox* (como preferia Roscelino). Assim formulado, o problema vai ser analisado por Abelardo no início das suas glosas sobre a lógica velha, cognominadas *Logica "Ingredientibus"* por seu editor, B. Geyer, com base na palavra inicial do texto. Esse é o primeiro documento conhecido em que se articula de maneira ampla e minuciosa a "querela dos universais". Trata-se de um texto extremamente bem ordenado, apesar das dificuldades de detalhe quanto às suas teses ou conceitos postos em jogo. Apresentemos, pois, sua arquitetura geral e abordemos alguns aspectos mais particulares esclarecendo, na medida do possível, alguns dos conceitos centrais utilizados por Abelardo.

Podemos dividir a introdução da *Logica "Ingredientibus"* em três grandes partes. A primeira é constituída por considerações gerais sobre a Lógica e a Filosofia (na nossa tradução, p.39-44). A segunda contém um comentário literal da introdução da *Isagoge* (p.45-53). A terceira, na qual nos deteremos com mais vagar, é justamente uma investigação sobre as perguntas de Porfírio com o objetivo de respondê-las (p.53-95). Notemos, desde já, que, por comparação com o texto homólogo de Boécio (*Comentários à Isagoge de Porfírio*, 2ª ed.), Abelardo dá mais importância à discussão das perguntas referentes aos universais do que às duas partes precedentes. De fato, no texto de Boécio a discussão do estatuto dos universais ocupa apenas uma pequena parte em relação ao conjunto do texto referente à introdução da *Isagoge*, n.10-2 na edição do

Corpus Scriptorum Ecclesiasticorum Latinorum, cobrindo apenas uma dezena de páginas.

Abelardo retoma a definição aristotélica do universal – "aquilo que é naturalmente apto para ser predicado de muitos" – e o opõe ao singular – "aquilo que se predica de um só". Ora, a "autoridade" parece[1] atribuir o universal tanto às coisas quanto às palavras. De fato, Aristóteles, Porfírio e Boécio ora falam do universal como se se tratasse de coisas, ora como se se tratasse de palavras.

Examinemos, em primeiro lugar, como uma coisa ou uma coleção de coisas pode ser predicada de vários, tomados um a um, sendo tal a exigência própria do universal. Abelardo passa então a discutir algumas das opiniões correntes a esse respeito no seu tempo.[2] Uma primeira possibilidade seria entender a coisa universal como "uma substância essencialmente a

---

1 A. Krempel, *La doctrine de la relation chez Saint Thomas*, Paris, Vrin, 1952, p.71, nota 1 (cf. p.413-4) propõe que se traduza *"videtur"* por "evidentemente". Essa proposta se refere especialmente ao uso do termo por Tomás de Aquino, particularmente no início dos artigos da *Suma da Teologia*. Seja qual for a opinião que se possa ter sobre a sugestão de Krempel, ela não pode ser aplicada ao texto de Abelardo de que nos ocupamos aqui. De fato, para expressar "clareza" ou "evidência" Abelardo usa outra expressão, isto é, *"manifestum est"* (cf. no texto da tradução p.54-61).

2 Ao abordar o realismo, isto é, "de que maneira a definição de universal pode ser aplicada às coisas" (p.55), Abelardo tem aparentemente a intenção de ser completo: "Ouçamos, portanto, como chamam de universal uma só coisa ou uma coleção e apresentemos todas as opiniões de todos" (ibidem). De fato, já foi observado que as opiniões enumeradas na *Logica "Ingredientibus"*, além de não coincidirem com as elencadas na *"Nostrorum"*, não retêm todos os casos citados por João de Salisbury (*Metalogicon*, Livro II, cap.XVII).

mesma em coisas que diferem umas das outras pelas formas".
O universal seria, nesse caso, o material comum aos indivíduos ou espécies em que está presente e que seria diversificado por meio de formas próprias aos indivíduos ou espécies. Tal opinião pode invocar a seu favor os testemunhos de Porfírio e de Boécio, mas é incompatível com a natureza das coisas. De fato, como sintetiza Vignaux ("Nominalisme", col. 720), "conceber uma coisa universal, essência una, é negar a oposição dos contrários, a diferença e a própria multiplicidade dos seres" e, como se não bastasse, "a doutrina criticada desconhece as noções de substância primeira e segunda e a noção de acidente" (ibidem, col. 721). Detalhemos um pouco

---

As opiniões contempladas na *Logica "Ingredientibus"* podem ser distribuídas no seguinte quadro: o universal é uma coisa (*1*) essencialmente a mesma ou (*2*) indiferentemente; esse segundo grupo, por sua vez, se subdivide em (*2.1*) positivamente e (*2.2*) negativamente; por fim, o grupo (*2.1*) comporta duas subdivisões: (*2.1.1*) coletivamente e (*2.1.2*) isoladamente.

A primeira opinião (*1*) seria a de Guilherme de Champeaux. É o que se depreende da comparação com um trecho da *História das minhas calamidades* em que Abelardo se refere nominalmente às opiniões de seu mestre (cf. tradução em *Os pensadores*, São Paulo, Abril, 1973, v.II, p.251). A tese (*2.1.1*) tem certa semelhança com a que J. de Salisbury atribui a Joscelino de Soissons na passagem referida do *Metalogicon* (*PL*, Tomo 199, col. 876 A; cf. Ph. Boehner, *História da filosofia cristã*, p.330 e E. Gilson, *La philosophie au Moyen Âge*, p.294). Por sua vez, (*2.1.2*) parece ter algo a ver com a posição de Gilbert de la Porrée ou Porreta. É o que se depreende das breves indicações de J. de Salisbury (*PL*, Tomo 199, col. 875-6 D) e das explicações de Gilson (*La philosophie au Moyen Âge*, p.294 e 265). Finalmente, (*2.2*) representa a posição em que Guilherme de Champeaux teria se refugiado depois da crítica de Abelardo à sua primeira tese da essência única diferenciada pelos acidentes ou formas (cf. *História de minhas calamidades*, p.251).

os quatro argumentos apontados. Primeiro, tal opinião nos obrigaria ou a dizer que o mesmo substrato (animal, por exemplo) é portador simultaneamente de determinações contrárias (racional e irracional), ou então a dizer que essas determinações não são contrárias, sendo tanto uma hipótese quanto a outra inadmissíveis.

Mas o partidário do universal como matéria comum pode tentar uma distinção, dizendo que racionalidade e irracionalidade não deixam de ser contrárias por se encontrarem no mesmo gênero (ou espécie). Só deixariam de sê-lo se se encontrassem no mesmo indivíduo. Ora, é isto que acontece, segundo Abelardo. Para prová-lo, basta mostrar que estão em Sócrates, o que se prova pelo fato de estarem simultaneamente em Sócrates e num asno. Ora, Sócrates e o asno são Sócrates. Este último enunciado é sustentado graças a um sorites que J. Jolivet (*Arts du langage*, p.219) qualifica a justo título de "espantoso".

Não se rende ainda o defensor da tese criticada. Pode ele tentar outra escapatória. De fato, não se pode dizer "o animal racional é o animal irracional", pois o enunciado não traduz adequadamente o fato de que animal é tanto um quanto outro, pois isto se deve a razões distintas, isto é, formas opostas. Abelardo discorda. Se tal fosse o caso, a proposição "o animal racional é o animal irracional" seria tão legítima quanto "o animal racional é o animal mortal" ou "o animal branco é o animal ambulante", proposições perfeitamente aceitáveis e que mostram justamente que não há oposição entre as formas em questão.

O segundo argumento mostra como o defensor desse tipo de universalidade real seria levado a negar a diversidade dos seres. Se a diversidade provém das formas, devemos dizer que há apenas dez essências, de acordo com a lista de categorias de Aristóteles, isto é, todas as substâncias se reduzem à substância, todas as quantidades à quantidade etc. Mais ainda, torna-se impossível distinguir dois indivíduos como Sócrates e Platão, pois eles não diferem quanto à essência e igualmente quanto às formas, visto serem idênticas, uma vez que são todas quantidade, qualidade etc. Não foi, pois, sem razão que P. Bayle, no seu famoso *Dicionário histórico e crítico*, viu nessa doutrina um espinozismo não desenvolvido (J. Jolivet, *Arts du langage*, n.115, p.219).

Ademais, essa opinião atribui às formas uma função que elas são incapazes de exercer: criar multiplicidade. De fato, não se pode dizer que um indivíduo (por exemplo, Sócrates) seja numericamente múltiplo por causa das múltiplas formas que recebe; ao contrário, elas deixam sua unidade intacta.

O último argumento mostra como os partidários da primeira opinião se servem de uma falsa analogia. De fato, eles estabelecem um paralelo entre a determinação do gênero pela diferença específica, dando origem à espécie, e a determinação desta pelos acidentes, dando origem aos indivíduos. Mas, nesse caso, os acidentes devem preceder naturalmente os indivíduos, como a diferença precede a espécie, e o indivíduo não é o sustentáculo dos acidentes, assim como a espécie não o é da diferença. Ora, se isso for verdade, não se pode afirmar que a espécie homem (substância segunda) é diversificada pelos acidentes, pois isso equivaleria a afirmar que ela é sustentáculo dos acidentes, o que viola o paralelismo com a substância primeira (indivíduo) que, por hipótese, não seria sustentáculo dos acidentes.

Abelardo pode, assim, concluir: "Em consequência disso, é claro que carece totalmente de razão a sentença pela qual se diz que a essência absolutamente idêntica existe simultaneamente em diversos". (p.61)

Excluída a primeira forma de universal real, resta uma segunda possibilidade que se aproxima mais da realidade das coisas. É a daqueles que afirmam que as coisas, consideradas uma a uma, não diferem apenas pelas formas, mas são distintas nas suas próprias essências, de tal modo que o que está numa delas não está na outra e, ainda que as formas fossem removidas, nem por isso as coisas deixariam de subsistir distintas umas das outras. Os seus partidários admitem que há algo de idêntico nas coisas diversas. Idêntico, não essencialmente, mas indiferentemente. Por exemplo, todos os homens, distintos em si mesmos, são o mesmo no homem, isto é, não diferem na natureza da humanidade. Os mesmos seres são denominados universais, se atentarmos para sua não diferença e semelhança, e singulares, se, ao contrário, atentarmos para sua distinção, o que se dá por duas maneiras distintas. A primeira seria considerar que o universal equivale à coleção ou conjunto dos indivíduos. Por exemplo, todos os homens reunidos simultaneamente são a espécie homem, ao passo que todos os animais tomados simultaneamente, o gênero animal. Os que defendem tal postura podem até invocar o testemunho de Boécio a seu favor. Mas essa não é a única possibilidade. Pode-se, com efeito, tentar estabelecer a distinção entre o universal e o singular tendo-se em conta dois aspectos dos indivíduos. Os homens, por exemplo, podem ser considerados na sua individualidade e na medida em que convergem com outros. Digamos: posso considerar Sócrates como Sócrates e Sócrates como homem. Na primeira consideração tenho em conta o indivíduo, na segunda, a espécie, o que há de comum a todos os homens.

Embora Abelardo diga que essas opiniões não são tão absurdas quanto a primeira, nem por isso deixam de ser completamente inaceitáveis. Assim é que ele dedica à sua crítica duas séries de argumentos.

Consideremos a primeira série que ataca a identificação do universal com a coleção ou conjunto dos indivíduos. É óbvio que a coleção inteira não é predicada de cada um de seus membros. Mas, se quisermos sustentar a tese apresentada, devemos descobrir algum modo pelo qual a coleção se predique de muitos, pois, sem isso, não temos um universal. Abelardo levanta seis objeções encadeadas mostrando como a tese em pauta ignora a própria definição do universal (cf. Vignaux, "Nominalisme", col. 722). Isso ocorre porque os partidários de tal opinião não percebem que uma coleção é um todo integral que resulta da soma de suas partes, o que a distingue radicalmente do "todo universal" que é anterior aos indivíduos, está todo inteiro em cada um deles, sendo mesmo, então, a parte idêntica ao todo como a espécie é o mesmo que o gênero quando referidos a um indivíduo.

Contra aqueles que pretendem distinguir o universal do singular considerando dois aspectos de cada um dos indivíduos, Abelardo invoca um tríplice argumento (cf. Vignaux, "Nominalisme", col. 722-3). Primeiro, essa opinião desconhece as próprias noções de singular e de universal, pois ser predicado de muitos não equivale a convergir com muitos. De fato, nada há que convirja com apenas uma coisa. Não podemos mais, então, definir o indivíduo como o que se predica de um só. Além disso, ela também desconhece a unidade do indivíduo, pois nenhuma coisa é simultaneamente diversa de si mesma. Por mais que multipliquemos seus aspectos, não é possível de um indivíduo fazer dois, o que nos impede de distinguir o indivíduo do universal. Finalmente, não há como conceber que dois indivíduos convirjam. Em si mesmos eles antes se distinguem do que convergem. Num terceiro é também impossível, pois eles se distinguem igualmente deste.

Última tentativa dos realistas: deve-se tomar a palavra "convergir" negativamente, isto é, dizer que Sócrates e Platão convergem no homem deve ser entendido como querendo dizer que Sócrates e Platão não diferem no homem. Mas, nesse caso, poderíamos igualmente dizer que eles convergem na pedra porque não diferem nela. Ora, os dois casos são profundamente diferentes porque Sócrates e Platão são homens e não são pedras.

Impõe-se novamente uma conclusão negativa e a passagem a uma outra abordagem:

> Entretanto, agora que já foram apresentadas as razões pelas quais as coisas, nem tomadas isolada nem coletivamente, podem ser chamadas de universais no que diz respeito ao serem predicadas de vários, *resta que confiramos essa universalidade apenas às palavras.* (p.66)

Observemos, no entanto, que sob a conclusão negativa esconde-se uma tomada de posição implícita sobre a natureza das coisas, que são estritamente individuais, excluindo-se toda forma de universalidade real (cf. Vignaux, "Nominalisme", col. 273, 3).

Termina aqui uma primeira parte (crítica) da investigação sobre os universais. Tem início, então, uma segunda parte (construtiva) em que Abelardo vai expor sua maneira de conceber os universais situados no domínio da palavra. Abelardo retoma a definição do termo universal ("aquele que, por sua descoberta, é apto para ser predicado de muitos tomados um a um", p.67) e explica os elementos que a compõem: "aquele que", "ser predicado", e "de muitos". Acrescenta ainda uma observação sobre as relações entre Gramática e Dialética. A primeira tem em conta apenas a correção da frase. "O homem é pedra", do ponto de vista da Gramática, é um enunciado perfeito e veicula um sentido que entendemos. No entanto, a Dialética deve ter em conta, além da correção gramatical, "a natureza das coisas", "a manifestação da verdade do seu estado", isto é, aquilo que é.

Estamos agora aptos a abordar o problema suscitado pelos universais. Abelardo vai abordá-lo explicitamente em termos de significação: "Levantaram-se questões a propósito dessas palavras universais porque se duvida sobretudo de sua *significação*, uma vez que parecem não ter qualquer coisa subordinada nem fixar uma intelecção válida de algo" (p.70, grifo nosso).

Vemos, assim, que, resolvida a alternativa *res/voces* a favor destas últimas, a questão se desloca mais uma vez. Porfírio interrogava sobre o modo de ser dos universais. A alternativa *res/voces* traduz essa interrogação numa dicotomia de fundo agostiniano.[3] Agora, se não faz sentido entender o universal

---

3 A dicotomia *res/voces* parece dotada, para Abelardo, de uma evidência inquestionável. Ele a toma como quadro de sua discussão do problema

como *res* (a própria palavra sendo *res* no seu aspecto físico – som proferido), só resta localizá-lo naquilo que a palavra tem de próprio como palavra – a significação.

Ora, os dois elementos apontados como constitutivos da significação (referir-se a alguma coisa e fixar uma intelecção válida) parecem ausentes no caso dos termos universais. Com efeito, de um lado, os nomes universais não parecem se impor a coisa alguma, pois todas subsistem separadas e distintas umas das outras e não se reúnem em coisa nenhuma. Quer dizer, os universais não se referem às coisas enquanto distintas porque então não seriam mais universais, e, sim, singulares; nem se referem a elas enquanto se reúnem em alguma coisa, pois não há nenhuma coisa na qual se reúnam. Resulta daí que os universais não parecem fixar nenhuma intelecção válida.[4] Ouvi-

---

dos universais, não se dando sequer ao trabalho de justificá-la. Quem sabe, não estaríamos aqui diante de uma dessas estruturas recorrentes no pensamento humano – de Santo Agostinho (*omnis doctrina vel rerum est vel signorum* – *De Doctr. Christ*, I, 2, 2) a Michel Foucault (*Les mots et les choses*)? No século XII, o quadro agostiniano é de tal modo pervasivo que vai estar na base da elaboração dos *IV Livros das Sentenças* de Pedro Lombardo, discípulo de Abelardo. Por trás de Agostinho perfilar-se--iam os estoicos com a distinção entre os *corpos* e os *incorporais*. Para caracterizar basicamente os dois termos segundo Abelardo, relembremos uma frase da p.70: "De fato, os nomes universais parecem não se impor a coisa alguma, pois todas as coisas subsistiriam em si mesmas, e como foi mostrado (p.66-7) não se reuniriam em coisa alguma". Assim, a característica básica da coisa é "subsistir distinta em si mesma", o que corresponde à própria noção de indivíduo. Por outro lado, "é próprio das palavras *significar* ou revelar, e das coisas, o *serem significadas*" (p.54).

4 A expressão *intellectum constituere*, segundo uma indicação de D. P. Henry, *Predicables and Categories*, in N. Kretzmann, A. Kenny e Jan Pin-

do um termo universal como "homem", não sabemos a que nos ater, ao contrário do termo singular (por exemplo, "Sócrates") pelo qual a pessoa determinada de um só homem é inteligida ou apreendida.

"Mas não é assim", afirma enfaticamente Abelardo (p.72). Essa declaração é seguida do enunciado da tese ou "sentença" que Abelardo propõe:

> De fato, eles (os universais) significam, de certo modo, coisas diversas por meio da denominação, não porém fixando uma intelecção procedente delas, mas pertinente a cada uma. Como esta palavra "homem" tanto nomeia cada um deles por motivo de uma causa comum, isto é, que são homens, pelo que é denominada universal, como constitui uma certa intelecção comum, não própria, isto é, pertinente a cada um deles, dos quais concebe a semelhança comum. (p.71-2).

Não basta, porém, enunciar a "sentença". É preciso expô-la em detalhe, como o próprio Abelardo adverte. Quer dizer, é preciso mostrar: a) "qual é aquela causa comum segundo a qual o nome universal é imposto"; b) "qual é a concepção da intelecção da semelhança comum das coisas"; ao que acresce um terceiro tópico, a saber, "se o vocábulo é denominado comum em virtude da causa comum na qual as coisas se reúnem ou em virtude da concepção comum ou em virtude de ambas simultaneamente". (p.72)

---

borg, *The Cambridge History of Later Medieval Philosophy*, Cambridge, The Cambridge University Press, 1982, p.137-8, provém das traduções latinas de Aristóteles e indica o que uma palavra veicula, isto é, seu significado. O estado de espírito em questão é precisamente o aqui descrito logo em seguida.

Seguindo Abelardo no percurso desses três itens, comecemos pela causa comum. Tomemos um exemplo: os homens individuais são distintos uns dos outros tanto pelas essências quanto pelas formas; têm em comum, no entanto, o "serem homens". Não se diz que eles se unem no homem, mas no "ser homem". Ora, "ser homem" não é homem ou coisa alguma, assim como não é uma coisa "não estar num sujeito", "não ser suscetível de contrariedade ou não receber mais ou menos" que são, no entanto, propriedades comuns das substâncias. O que há de comum entre as coisas distintas "é cada uma delas ser ou não ser o mesmo, como ser homem ou ser branco ou não ser homem ou não ser branco" (p.73). Trata-se do que Abelardo denomina estado (*status*) e que não designa uma coisa ou essência, mas o próprio fato de os indivíduos serem tais indivíduos:

> Chamamos de estado de homem o próprio ser homem, que não é uma coisa e que também denominamos causa comum da imposição do nome a cada um, conforme eles próprios se reúnem uns com os outros. (p.73).

Uma frase de P. Vignaux ("Nominalisme", col. 728) parece interpretar bem o pensamento de Abelardo:

> Esta doutrina coloca entre os indivíduos uma semelhança real, mas que não se pode de maneira nenhuma realizar à parte, em uma essência: a natureza de homem não é senão a concordância substancial dos indivíduos, absolutamente indistinta dos indivíduos.[5]

---

5 Já nos referimos à dicotomia *res/voces*. Aqui, Abelardo introduz um terceiro termo: *status*. As coisas são sempre individuais, como vimos. As palavras que as significam podem ser tanto individuais quanto

Abelardo conclui e indica o passo seguinte: "Tendo exposto a significação dos universais quanto às coisas pela denominação, e tendo demonstrado a causa comum de sua imposição, exponhamos agora *o que são as intelecções que eles fixam*" (p.73).

---

universais (evidentemente, sob o aspecto preciso da significação e não sob o aspecto físico – cf. p.76-7). O *status* pende para o lado das coisas e é o correlato *ex parte rerum* da palavra universal. Abelardo o caracteriza como um *esse tale*, por exemplo, *esse hominem* para os indivíduos humanos. Esta caracterização pode relembrar a dicotomia boeciana entre *quod est* (o todo) e *quo est* ou *esse* (a essência). Mas justamente Boécio entende *esse* como *essentia*, o que não ocorre de modo nenhum com Abelardo, pois as essências são individuais e o *esse* tende a ser o simples fato de que todos estes indivíduos se remetem uns aos outros, sendo tal remissão expressável por um termo universal. Poderíamos interpretar nesse sentido (diferentemente, ao que parece, de J. Jolivet, *Pierre Abélard – Pierre le Vénérable*, 1975, p.535) uma frase da p.73: "Assim, também podemos chamar de estado de homem as próprias coisas estabelecidas na natureza do homem, das quais aquele que lhes impôs a denominação, concebeu a semelhança comum". Não deixa de ser interessante notar que, a partir da segunda metade do século XII, inaugura-se uma moral dos "estados", quer dizer, das categorias de pessoas definidas em função de sua situação socioprofissional. Já não bastava uma moral geral do ser humano nem a consideração das três ordens (*oratores, bellatores, laboratores*). Era preciso ter em conta as situações ou condições particulares: monge, cruzado, estudante, mercador, mulher etc. J. Le Goff (*La civilisation de l'occident médiéval*, 1972, p.325 e segs.) observa que a substituição das três ordens tradicionais pela complexidade mais maleável dos estados reflete as mudanças sociais e mentais, sendo estas acompanhas de processos de fragmentação e atomização e de divisão crescente do trabalho no quadro da renascença urbana. Ver, além das páginas citadas de Le Goff: B. Guenée, *O ocidente nos séculos XIV e XV, Os estados*, S. Paulo, Pioneira, 1981, p.50-2; J. A. Robillard, "Note sur la notion de condition (*status*) en Saint Thomas", p.104-7.

Pedro Abelardo

É preciso, no que se refere às intelecções, começar por caracterizá-las de modo geral. Elas se distinguem das sensações, embora ambas pertençam à alma. As sensações se exercem através de órgãos corporais e só percebem os corpos e o que lhes pertence. A intelecção não necessita de órgão corporal nem de objeto corporal a que se refira. Basta-lhe "a semelhança da coisa que o próprio espírito elabora para si mesmo, e para a qual dirige a ação da sua inteligência" (p.74). Assim como há distinção entre a sensação e a coisa sentida, igualmente a intelecção não é a forma da coisa que ela concebe. A intelecção é uma certa ação da alma graças à qual esta é denominada inteligente, e a forma para a qual ela se dirige é uma certa coisa imaginária e fictícia que o espírito elabora para si mesmo quando quer e como quer, comparável às cidades imaginárias vistas em sonho ou ao projeto de um edifício a ser construído (cf. p.75).[6]

Esses dados gerais sobre a intelecção vão permitir a Abelardo distinguir a intelecção dos universais e dos singulares.

---

6 A palavra *intellectus* pode, a rigor, ser traduzida tanto por *intelecção* (designando o ato de inteligir), como por *intelecto* (a faculdade de inteligir) ou *inteligido* (aquilo que é inteligido – na terminologia de Abelardo, *concepção*). Aliás, *conceptio*, à semelhança de *intellectus*, pode também ser traduzida por *concepção* (ato) e *concepção* (o que é concebido, "conceito"). Cremos que o uso feito por Abelardo, conforme indica o contexto, sobretudo nas páginas referentes à abstração (cf. p.87), pende para a segunda acepção. No caso de *intellectus* optamos pela primeira acepção mencionada, visto Abelardo dizer explicitamente que "*intellectus actio quaedam est animae*" (p.20, lin. 30 do original; cf. p.75 da tradução; sublinhado nosso). Outra razão que inclina nesta direção é o fato de que tal tradução permite dar coerência praticamente total ao texto desta exposição de Abelardo sobre os universais na introdução da *Logica "Ingredientibus"*.

Elas "separam-se certamente pelo seguinte: a de um nome universal concebe uma imagem comum e confusa de muitos, ao passo que a palavra singular engendra, apreende a forma própria e como que singular de um só, isto é, referente a apenas uma pessoa" (p.76).

Pode-se dizer que Abelardo examina a questão num contexto de comunicação. Quando ouço uma palavra singular ("Sócrates", por exemplo), ela introduz no meu espírito a forma própria de um único, de tal modo que uma coisa é certificada e determinada. Quando ouço, porém, "homem", uma certa semelhança surge em meu espírito, a qual se relaciona de tal modo com cada um dos homens que é comum a todos, mas não é própria de nenhum. Por conseguinte, "homem" não significa diretamente nem Sócrates nem qualquer outro homem, já que nenhum é certificado por força desse nome, ainda que nomeie a cada um deles. Diremos, pois, que o nome singular não só nomeia, mas também determina e certifica de qual coisa se trata. Ao passo que o universal nomeia, sem certificar ou determinar a coisa que lhe é subordinada.

Tal forma comum, visada pela intelecção gerada por um nome universal, é também significada por ele. Isso é confirmado tanto pela autoridade (textos de Prisciano, Porfírio, Boécio e a opinião de alguns sobre o pensamento de Platão),[7]

---

7 É na exposição desses textos que aparece de maneira bastante clara o "platonismo" de Abelardo. Com efeito, diz ele que as concepções por abstração do homem, da alma ou da pedra atribuem-se antes à mente divina do que à humana, sendo Deus encarado à imagem de um artesão que concebe de antemão em sua alma a forma exemplar da coisa a ser construída (p.78). Isto se deve ao fato de os homens terem necessidade da mediação das sensações para conhecerem a na-

quanto pela razão: "Com efeito, que outra coisa é concebê-las pelos nomes, senão serem significadas por eles?" (p.81).

Temos, pois, uma tríplice significação do universal: *a parte rerum*, o estado das coisas (as próprias coisas individuais na medida em que se reúnem no serem tais coisas); *a parte animae*, a intelecção por ele fixada e a forma comum visada por esta intelecção (cf. p.81 e Vignaux, "Nominalisme", col. 730, 4a). Mas "a comunidade dos nomes universais é determinada segundo a *causa comum de imposição*, ou segundo a *concepção comum*, ou segundo ambas?". Resposta: "Nada obsta, porém, se o for segundo ambas, mas a *causa comum*, que é tomada segundo a natureza das coisas, parece possuir uma força maior" (p.81). Resta ainda a Abelardo explicitar um aspecto da intelecção dos universais, mencionado muito de passagem (p.79), isto é, que estas intelecções se dão por abstração e que as concepções por elas visadas são fruto de uma abstração. Abelardo começa aqui também por considerações gerais sobre a abstração:

> a matéria e a forma apresentam-se sempre misturadas uma com a outra, mas a razão do espírito tem o poder de ora considerar a matéria por si mesma, ora dirigir a atenção só para a forma, ora conceber ambas misturadas. Por certo, os dois primeiros são por abstração, pois abstraem algo dos que estão reunidos para

---

> tureza das coisas. Daí, raramente ou nunca terem conhecimento simples e puro destas naturezas – este é muito mais opinião que inteligência. Estas naturezas, no entanto, são patentes a Deus que as criou e as conhece, sem a mediação das sensações antes que existam. É mesmo possível concordar esta maneira de pensar com a de Aristóteles, pois, se este diz que os universais subsistem nos sensíveis, ele o diz quanto ao ato; ao passo que, Platão, ao dizer que eles subsistem fora do sensível, no *noûs*, está pensando em sua aptidão natural.

considerarem sua própria natureza. Mas o terceiro é por conjunção. (p.82)

A abstração (análise/resolução) opõe-se, portanto, à conjunção (síntese/ composição) e é uma modalidade de atenção seletiva: trata-se apenas de considerar à parte algo que é dado numa totalidade. Aliás, é a razão pela qual tais intelecções poderiam parecer falsas ou vazias, por perceberem a coisa ou atentarem para ela de modo diferente de como subsiste. Aqui também Abelardo é enfático: "Mas não é assim" (p.83). E acrescenta: "De fato, se alguém intelige a coisa de modo diferente de como se apresenta, de tal maneira que atente para ela naquela natureza ou propriedade que ela não tem, essa intelecção é certamente vazia" (p.82). Não é, porém, o que se passa na abstração; nesta, quando se atenta apenas para um aspecto da coisa, intelige-se apenas o que está nesta, não atentando para tudo o que ela possui. O advérbio "apenas" refere-se à atenção e não ao modo de subsistir, pois a coisa não tem apenas isso, mas é atentada apenas como tendo isso.

Abelardo vê um equivalente desse processo no nível da sensação, pois aí também se pode agir de forma seletiva quando se discerne apenas o ouro ou a prata de uma estátua, metade de ouro e metade de prata. Para ele, a abstração opera tanto no nível da intelecção dos singulares quanto dos universais. Em ambas, há atenção analítica e seletiva, refletida nas expressões: esta substância, este corpo, este animal, este homem, esta brancura, este branco e, por outro lado, substância, corpo, animal, etc. Insiste ele ainda: "Na verdade, por meio de 'este homem' atento apenas para a natureza do homem, mas referida a um certo sujeito, ao passo que por meio de 'homem' atento para aquela mesma natureza simplesmente em si mesma, não referida a qualquer dos homens" (p.86-7).[8] Decorre de tais considerações que

a intelecção dos universais é, com razão, denominada isolada, nua e pura: isolada, sem dúvida, das sensações, porque não percebe a coisa como sensível; nua, quanto à abstração de todas ou de algumas formas, e completamente pura, quanto à distinção porque nenhuma coisa, quer seja matéria, quer seja forma, é certificada nela, razão pela qual chamamos uma concepção desse tipo de confusa. (p.87)

---

8 P. Vignaux ("Nominalisme", col. 730) e Ph. Boehner (*História da filosofia cristã*, p.304) sublinharam os caracteres próprios da abstração de que fala Abelardo. Esta é uma modalidade de atenção seletiva que encontra algo de análogo na operação dos sentidos; é um mecanismo puramente psicológico e pode-se perfeitamente falar tanto de abstração dos singulares como dos universais. A abstração de Abelardo, embora se aproxime mais da *aphairesis* aristotélica, dela se distingue, na medida em que esta é uma operação reservada à matemática. Distancia-se também da *epagogé* aristotélica e da *abstractio* tomista, pois nesses dois casos há necessariamente passagem do singular ao universal, ou, como diz Vignaux (*loc. cit.*), "transmutação do sensível em inteligível ... trata-se de liberar uma forma de sua matéria". Uma das fontes de inspiração de Abelardo é certamente Boécio (cf. *In Isagogem*, Ed. II, Liv. I, n.11). A propósito da veracidade da intelecção por abstração, Abelardo introduz a distinção entre modo de subsistir e de inteligir (p.83-4) que terá grande elaboração no século XIII (modo de ser, modo de inteligir, modo de dizer), sobretudo com a chamada gramática especulativa e os "modistas". Introduz também algumas considerações sobre a presciência divina, remetendo o tratamento mais detalhado da questão ao *Comentário do Peri Hermeneias*, lugar tradicional de abordagem do problema, a propósito dos enunciados que dizem respeito aos futuros contingentes.

Abelardo julga-se agora apto a responder as perguntas de Porfírio: "*Posto o que precede, passemos, portanto, à resolução das questões propostas por Porfírio a respeito dos gêneros e das espécies*, o que já podemos fazer facilmente, já que foi revelada a natureza de todos os universais" (p.87).

1ª) Os universais significam, pela denominação, coisas verdadeiramente existentes, isto é, as mesmas que os nomes singulares e, de modo algum, estão colocados numa opinião vazia. Consistem, no entanto, numa intelecção isolada, nua e pura no sentido que ficou estabelecido.

2ª) Se os universais significam coisas subsistentes, então elas podem ser corporais ou incorporais, entendendo aqui por corporal e incorporal respectivamente corpo e não corpo, isto é, aquilo que pode ser percebido por um sentido corpóreo e o que não pode.

Podemos também tomar corporal e incorporal como sinônimos de separado (distinto) e não separado (não distinto). Tal interpretação se adapta melhor ao sentido da questão. Dir-se-á então que "os próprios nomes universais serem chamados corpóreos quanto à natureza das coisas e incorpóreos quanto ao modo de significação, porque, embora denominem o que é separado, não o denominam separada e determinadamente" (p.89).

3ª) A terceira pergunta decorre do fato de se conceder que os universais são incorpóreos, pois estes se dividem em incorpóreos que são no sensível e incorpóreos que não são no sensível (cf. p.51). Nesse caso,

diz-se que os universais subsistem nos sensíveis, isto é, que significam a substância intrínseca existente na coisa sensível em virtude das formas exteriores e que, significando essa substância que subsiste em ato na coisa sensível, manifestam-na contudo, como naturalmente separada da coisa sensível ... (p.89-90).

Pode-se, no entanto, tomar, na segunda questão, corpóreo e incorpóreo por sensível e não sensível, isto é, separado e não separado. Como já se respondeu na segunda questão que "alguns deles são sensíveis quanto à natureza das coisas, mas que os mesmos são não sensíveis quanto ao modo de significar" (porque não designam as coisas sensíveis que denominam, do modo como são sentidas, isto é, como separadas), restava a questão de saber se denominam apenas os próprios sensíveis ou se significam também alguma outra coisa. Responde-se que significam simultaneamente os próprios sensíveis e aquela concepção comum que Prisciano atribui principalmente à mente divina (cf. p.91).

4ª) Quanto à quarta pergunta (acrescentada por Abelardo às três de Porfírio – cf. p.91) Abelardo é taxativo:

de modo algum, admitimos que haja nomes universais quando, tendo sido destruídas as suas coisas, eles já não são predicáveis de vários, porquanto nem são comuns a quaisquer coisas, como o nome da rosa, quando já não perduram mais rosas, o qual, entretanto, ainda é então significativo em virtude da intelecção, embora careça de denominação, pois, de outra sorte, não haveria a proposição: não há nenhuma rosa. (p.91)

Lógica para principiantes

Início das glosas do mestre Pedro Abelardo sobre Porfírio

1 // Para aqueles dentre nós que se introduzem na Lógica, falemos previamente um pouco a respeito de sua característica própria, começando pelo gênero a que pertence, isto é, a Filosofia.[1] Ora, Boécio[2] não chama de Filosofia qualquer ciência, mas apenas a que se detém nas coisas mais elevadas; de fato, não chamamos de filósofos a quaisquer pessoas dotadas de conhecimento, mas apenas àquelas cuja inteligência penetra as sutilezas. Boécio[3] distingue três espécies de Filosofia, a saber: a *especulativa*, que se ocupa da natureza das coisas a ser investigada; a *moral*, que se ocupa da dignidade da vida a ser considerada; a *racional*, denominada Lógica pelos gregos,[4] que se ocupa da ordem dos argumentos a serem compostos. No entanto, alguns, ao separarem esta última da

---

1 *Anicii Manlii Severini Boethii in Isagogen Porphirii Commenta copiis a Georgio Schepso comparatis suisque usus recensuit* Samuel Brandt, Vindobonae, 1906 (Corpus Script. Eccl. Lat., v.48), ed. I, p.7, 11.
2 Boethius, *In Top. Cic. Comm.* L. I. *PL* 64, p.1044 C.
3 Boeth., *In Porph.* ed. I, p.8, 6.
4 Boeth., *In Porph.* ed. I, p.9, 25.

Filosofia, diziam que ela não é parte da Filosofia, mas antes instrumento segundo o testemunho de Boécio.[5] Isso porque, de um certo modo, as demais partes dela se ocupam, na medida em que se servem de seus argumentos, para provar suas próprias questões. Assim, se se coloca uma questão pertinente à investigação da natureza ou da moral, os argumentos são tirados da Lógica. Contra esses, o próprio Boécio[6] diz que nada impede que a Lógica seja tanto instrumento como parte de algo, assim como a mão o é em relação ao corpo humano. Além disso, a própria Lógica se apresenta muitas vezes como instrumento de si própria, visto que demonstra também uma questão a si pertinente com argumentos seus como, por exemplo, a seguinte: *o homem é uma espécie de animal*. Contudo, nem por isso é menos Lógica, por ser instrumento da Lógica. Assim, também não é menos Filosofia por ser instrumento da Filosofia. O próprio Boécio a distingue das duas outras espécies de Filosofia pelo seu fim próprio que consiste em compor argumentações. Pois, embora o estudioso da natureza componha argumentos, não é o estudo da natureza que o institui para tal, mas apenas a Lógica.

2 // A seu respeito Boécio lembra também[7] que foi redigida e reduzida a regras certas das argumentações pela seguinte razão: para que não leve ao erro, pelos falsos raciocínios, os excessivamente inconstantes, ao parecer assegurar por suas razões o que não se encontra na natureza das coisas e, muitas vezes, reunir contrários quanto às suas condições, do

---

5 Boeth., *In Porph.* ed. I, p.10, 3; ed. II., p.140, 13.
6 Boeth., *In Porph.* ed. II, p.142, 17.
7 Boeth., *In Topica Cic.*, *PL* 64, p.1044 D.

seguinte modo – *Sócrates é corpo; ora, o corpo é branco; logo, Sócrates é branco*. E por outro lado – *Sócrates é corpo: ora, o corpo é preto; logo, Sócrates é preto*.

Ao redigir a Lógica, é necessária a seguinte ordem: uma vez que as argumentações resultam das proposições e as proposições das palavras, aquele que põe por escrito a Lógica de modo acabado deve escrever primeiro sobre os termos simples, em seguida sobre as proposições, enfim consumar o acabamento da Lógica nas argumentações, como o fez o nosso príncipe Aristóteles, que escreveu as *Categorias* sobre a doutrina dos termos, o *Peri Hermeneias* sobre a das proposições e os *Tópicos* e os *Analíticos* sobre a das argumentações.

No entanto, este Porfírio, como a própria redação do título informa, prepara esta introdução às *Categorias* de Aristóteles,[8] a qual ele mesmo, porém, demonstra posteriormente ser necessária a toda a arte. Indicar-se-á, de maneira breve e de modo mais preciso, qual *a intenção, a matéria, o modo de tratar, a utilidade* da presente ciência e *a que parte da dialética se subordina*.

A *intenção* é principalmente instruir o leitor nas *Categorias* de Aristóteles, para que possa mais facilmente entender o que é aí tratado. O que faz tratando destes cinco que são sua matéria, isto é, do gênero, da espécie, da diferença, do próprio e do acidente, cujo conhecimento julgou especialmente útil para as categorias, pois são discutidos em quase toda a série das categorias. Além disso, o que dissemos ser cinco pode referir-se de certo modo tanto a tais nomes – gênero, espécie, etc. – como ao que é por eles significado. De fato, esclarece convenientemente a significação desses cinco nomes, dos

---

8 Boeth., *In Porph.* ed. II, p.143, 11.

quais se serve Aristóteles, para que, quando se tiver chegado às categorias, não se ignore o que se deve entender nesses nomes. Pode também tratar-se do que é significado por todos esses nomes como se se tratasse de cinco, pois, embora tomados um a um sejam infinitos – de fato, infinitos são os gêneros e igualmente as espécies, etc. –, trata-se de todos, como foi dito, como cinco porque se trata de todos de acordo com cinco propriedades: com efeito, trata-se de todos os gêneros na medida em que são gêneros e igualmente dos demais. Na verdade, assim também consideram-se as oito partes da oração de acordo com oito propriedades delas, embora tomadas uma a uma sejam infinitas.*

3 // O *modo de tratar* é o seguinte: uma vez distinguidas primeiramente as naturezas de cada um nos seus diversos tratados, então, para maior conhecimento deles, passa ao que lhes é comum e igualmente às suas propriedades.

A *utilidade*, como o próprio Boécio ensina, embora se refira principalmente às *Categorias*, divide-se em quatro partes, o que posteriormente explicaremos mais cuidadosamente, onde ele mesmo o diz.[9] Se primeiro distinguirmos cuidadosamente as partes da Lógica, perceber-se-á imediatamente por qual parte a ciência da presente obra se refere à Lógica. Ora, há duas, de acordo com Cícero e Boécio,[10] que compõem a Lógica, a saber, a ciência de *descobrir* os argumentos e a de *julgá-los*, isto é, de confirmar e comprovar os argumentos descobertos.

---

* Segundo Prisciano, as oito partes da oração são: nome, verbo, particípio, pronome, advérbio, preposição, interjeição e conjunção. (N.T.)
9 Boeth., *In Porph.* ed. II, p.147, 17. Cf. infra, p.45-51.
10 Boeth., *In Top. Cic.*, *PL* 64, p.1044 C; *In Porph.* ed. II, p.139, 20.

Com efeito, duas coisas são necessárias ao argumentante: primeiro, que descubra os argumentos pelos quais arguir; depois, que saiba confirmá-los se alguém os atacar como viciosos ou não suficientemente firmes. Daí Cícero[11] dizer que a descoberta é naturalmente anterior. Esta ciência, porém, pertence a ambas as partes da Lógica, mas principalmente à descoberta. E é uma certa parte da ciência da descoberta. De fato, como se pode tirar um argumento do gênero, ou da espécie, ou dos demais a não ser que seja conhecido o que é tratado aqui? Daí o próprio Aristóteles introduzir as definições destes nos seus *Tópicos* quando trata dos seus "lugares", como Cícero também o faz nos seus. Ora, como um argumento é confirmado pelo mesmo de que foi extraído, essa ciência não é alheia ao juízo. De fato, assim como se tira um argumento da natureza do gênero ou da espécie, assim também o argumento obtido é confirmado pela mesma. Com efeito, considerando no homem a natureza da espécie, quanto ao animal, imediatamente descubro a partir dela um argumento para provar o animal. Se alguém o criticar, mostro imediatamente que o próprio argumento é idôneo indicando nos mesmos a natureza da espécie ou do gênero, de tal maneira que, a partir das mesmas relações dos termos, descubra-se o argumento e, uma vez descoberto, seja confirmado.

Alguns, porém, separam totalmente esta ciência da descoberta e do juízo, bem como a das categorias ou das divisões ou definições ou até mesmo das proposições, nem as admitem de maneira nenhuma entre as partes da Lógica, embora julguem-nas necessárias a toda a Lógica. Aos quais, tanto a

---

11 Boeth., *In Top. Cic., L.c.*

autoridade como a razão parecem contrárias. De fato, Boécio, no *Comentário sobre os Tópicos de Cícero*,[12] estabelece uma dupla divisão da dialética, cada uma das quais, por sua vez, inclui a outra de tal modo, que ambas encerram toda a dialética.

4   A primeira se dá pela ciência da descoberta // e do juízo; a segunda pela ciência da divisão, da definição, da dedução. As reduz também uma à outra de tal modo que inclua na ciência da descoberta, que é um dos membros da primeira divisão, a ciência da divisão ou da definição, pelo fato de que os argumentos são tirados tanto das divisões como das definições. Daí a ciência do gênero e da espécie ou dos demais se adaptar à descoberta por razão semelhante. O próprio Boécio[13] também diz que, dentre os livros de Aristóteles, o texto das *Categorias* é o primeiro que se apresenta a quem se introduz na Lógica. Disso fica patente que as categorias, nas quais o leitor tem uma entrada da Lógica, não se separam da Lógica, notadamente porque essa distinção das categorias fornece os recursos máximos para argumentar, uma vez que, por meio dela, é possível confirmar de que natureza cada coisa é ou não é. Também o que é característico das proposições não é estranho aos argumentos, uma vez que prova que, ora esta, ora aquela, é contrária, contraditória ou oposta de qualquer outra maneira. Assim, porque todos os tratados da Lógica tendem para seu fim, isto é, a argumentação, não excluímos a ciência de nenhum deles da Lógica.

Antecipado isto, detenhamo-nos na letra do texto.

---

12 Boeth., *In Top. Cic.*, PL 64, p.1045 D seg.
13 Boeth., *In Porph.* ed. I, p.14, 25.

Uma vez que é necessário etc. Coloca em primeiro lugar um prólogo sobre a matéria de que escreverá. Nele indica a própria matéria e a utilidade da obra, prometendo um modo de escrever introdutório de acordo com o que os filósofos corretamente julgaram a esse respeito. Há três significações costumeiras de "necessário",[14] uma vez que ora é usado como *inevitável*, como é necessário que a substância não seja qualidade, ora como *útil*, como ir ao foro, ora como *determinado*, como um homem morrer um dia. Ora, as duas primeiras significações de necessário são de tal sorte que parecem disputar entre si qual delas poderia ser mais convenientemente tida em conta aqui. Pois é de suma necessidade e de patente utilidade conhecer previamente isto para chegar a algo ulterior, uma vez que sem aquilo não se pode conhecer isso. No entanto, se alguém considerar atentamente a sequência do texto, julgará que é mais conveniente dizer útil do que inevitável. De fato, quando supõe a que se refere necessário, insinua a significação de utilidade como que projetando uma certa relação para outro. Com efeito, o útil diz respeito a outro; o inevitável é dito por si.

Constrói pois: é necessário, isto é, útil, conhecer o que é o gênero, etc., isto é, qual a propriedade de cada um, o que se manifesta nas suas definições que não foram atribuídas de acordo com a substância deles, mas de acordo como suas propriedades acidentais. Com efeito, o nome do gênero e dos demais não designa a substância, mas o acidente. // Daí tomarmos aquele "o que" mais de acordo com a propriedade do que de acordo com a substância. *E para aquilo etc.* Supõe os quatro

---

14 Boeth., *In Porph.* ed. II, p.149, 10.

seguintes nos quais mostra uma quádrupla utilidade, como relembramos acima,[15] a saber, as categorias, as definições, as divisões e as demonstrações, isto é, as argumentações que demonstram a questão proposta. *A qual*, isto é, a ciência das categorias, *está em Aristóteles*, isto é, está contida no seu tratado. Pois, às vezes, um livro é designado pelo nome do autor, como Lucano. *E para que a atribuição das definições*, isto é, para atribuir e compor definições. *E de maneira geral*. Estes cinco são úteis também *para o que concerne à divisão ou à demonstração*, isto é, à argumentação. E sendo necessário, isto é, de tanta utilidade conhecer isto, *tentarei examinar o que foi dito pelos antigos fazendo para ti um relato*, isto é, um tratado acerca *da especulação destas coisas*, isto é, acerca da consideração destes cinco, relato digo *condensado*, isto é, moderadamente breve. O que explica imediatamente ao dizer: *brevemente e como que de maneira introdutória*. De fato, a excessiva brevidade poderia acarretar excessiva obscuridade conforme o dito de Horácio: "*Tento ser breve, torno-me obscuro*".[16] Donde, para que o leitor não desesperasse por causa da brevidade ou se confundisse por causa da prolixidade, promete conservar na escrita um modo introdutório. De que modo, porém, esta obra pode ser útil tanto às categorias quanto aos três outros, o próprio Boécio[17] indica bastante cuidadosamente, no que contudo tocamos também brevemente.

Mostremos, em primeiro lugar, de que modo cada um dos tratados destes cinco convém às *categorias*. O conhecimento do *gênero* concerne às categorias pelo fato de que aí Aristóteles

---

15 Cf. *supra*, p.42.
16 Horat. *De arte poet.*, v.25-6.
17 Boeth. *L.c.*, p.151, 10 seg.

estabelece os dez gêneros supremos de tudo, nos quais inclui as infinitas significações dos nomes de todas as coisas, não se podendo saber de que modo são gêneros dos demais a não ser que se anteponha o conhecimento dos gêneros. Também o conhecimento da *espécie*, sem o qual não pode haver conhecimento do gênero, não lhes é estranho, pois, sendo aquela e este relativos, tiram sua essência e seu conhecimento um do outro. Donde também ser necessário que um seja definido pelo outro como o atesta o próprio Porfírio.[18] Também a *diferença* que, acrescentada ao gênero, perfaz a espécie, é necessária para o discernimento tanto da espécie como do gênero; posta como divisão deste, ela própria desvenda sua significação que a espécie encerra. Mais é ainda acrescentado por Aristóteles nas *Categorias*, onde estão implicados estes três, o gênero, a espécie e a diferença, que sem o conhecimento prévio dos quais, aquilo não pode ser entendido. Por exemplo, esta regra: *O que pertence a gêneros diversos etc.*[19] Também o conhecimento do *próprio* ajuda pelo fato que ele mesmo indica, o que é *próprio* das categorias, como quando diz que é próprio da substância ser "algo", visto ser una e idêntica numericamente etc.[20] // Portanto, para que a natureza do próprio não fosse então ignorada, devia ser aqui explicada. Observe-se, no entanto, que Porfírio trata apenas dos próprios das espécies últimas, ao passo que Aristóteles investiga os próprios dos gêneros. Não obstante, a natureza daqueles próprios também é

---

18 Boeth., *L.c.*, p.202, 18.
19 Boeth., *L.c.*, p.152, 8. [Trata-se da seguinte regra: "O que pertence a gêneros diferentes não subordinados, pertence também a espécies diferentes e são diferenças" (N.T.)].
20 Boeth., *In Categ. Ar. PL* 64, p.198 B.

manifestada a partir da semelhança com estes porque aqueles são denominados próprios dos gêneros do mesmo modo como estes o são das espécies, quer dizer, que competem a todo, somente e sempre. Mas, quem duvidará do conhecimento do *acidente* para as categorias, quanto é útil uma vez que encontra apenas acidentes em nove categorias? Ademais, o próprio Aristóteles frequente e cuidadosamente investiga as propriedades do que está no sujeito, isto é, dos acidentes. A isso se refere precipuamente o tratado do acidente. O conhecimento do acidente é útil também para distinguir a diferença ou o próprio, pois estes não são perfeitamente conhecidos se não se compreender a distinção daquele.

Mostremos agora como os mesmos cinco são úteis para as *definições*. Há, de fato, uma definição substancial e uma descrição. A definição substancial compete apenas à espécie, incluindo o gênero e as diferenças. Por isso, tanto o tratado do gênero quanto o da diferença e da espécie são úteis em vista dela. Por outro lado, a descrição é frequentemente derivada dos acidentes. Daí o conhecimento do acidente ser útil principalmente em vista dela. O conhecimento do próprio é útil, de modo geral, para todas as definições que lhe são semelhantes pelo fato de que também elas são conversíveis com o definido.

Esses cinco são também tão mais necessários para as *divisões* quanto, sem o conhecimento deles, a divisão se faça muito mais por acaso do que deliberadamente. O que deve ser examinado em cada uma das divisões. Há, de um lado, três divisões de acordo com o por si, isto é, do gênero, do todo e da palavra; e, de outro, três de acordo com o acidente, isto é, quando se divide o acidente em sujeitos, ou os sujeitos em acidentes, ou os acidentes em acidentes. No entanto, a divisão que é divisão do gênero faz-se, às vezes, em espécies, às vezes, em diferenças colocadas no lugar das espécies. Donde, tanto o gênero quanto a espécie e a diferença serem adequados para isso. Contribuem também para distinguir a divisão do todo e da palavra que, ao serem feitas, poderiam parecer divisão do gênero; a não ser que a natureza do gênero seja conhecida de antemão, como isto que todo gênero predica-se univocamente de cada uma das espécies, ao passo que o todo não se predica dos seus componentes um a um, nem uma palavra ambígua cabe univocamente às suas divisões. Por isso, são também muito úteis para a divisão da palavra equívoca, por serem úteis para as definições; dado que se conhece o que é equívoco ou não pelas definições. // Também, o conhecimento do acidente é necessário para a divisão que se faz de acordo com o acidente, pelo qual ela é constituída. Os outros também são úteis para a sua própria distinção, pois, do contrário, dividiríamos o gênero em espécies ou diferenças assim como dividimos o acidente em sujeitos.

O conhecimento desses cinco serve também evidentemente, como recordamos antes [p.42-3], para descobrir argumentações ou para confirmar as já descobertas. Pois, tanto descobrimos argumentos como confirmamos os já descobertos, de acordo com a natureza do gênero e da espécie ou dos demais. No entanto, contra o fato de que Boécio, nesta passagem, chama estes cinco de sede dos silogismos,[21] parece que não admitimos "lugares" na construção perfeita dos silogismos. Mas, certamente, a denominação específica foi utilizada impropriamente pelo gênero, usando silogismo em vez de ar-

---

21 Boeth., In Porph. ed. II, p.158, 11.

gumentação. Do contrário, teria diminuído a utilidade se a orientasse apenas para o silogismo e não para todas as argumentações em geral, que são igualmente denominadas demonstrações por Porfírio. Além disso, é possível atribuir também "lugares" às construções perfeitas dos silogismos; não que estes lhes pertençam por si mesmos, mas porque podem ser também aduzidos para evidenciá-los, por confirmarem os entimemas que deles derivam. Agora, porém, que já expusemos o que diz respeito à utilidade, retornemos à letra do texto.

Com efeito, das mais profundas. Acrescenta como observará um estilo introdutório, isto é, abstendo-se das questões difíceis mergulhadas na obscuridade e tratando das mais simples de maneira adequada. Não é supérfluo que diga "de maneira adequada": uma coisa pode ser em si fácil e não ser tratada claramente.

No momento, quanto aos gêneros. Determina quais são aquelas questões mais profundas, embora não as resolva. E fornece a explicação tanto do fato de deixar de investigá-las como do fato de, no entanto, fazer-lhes menção. Assim, pois, não trata delas porque o leitor inexperiente não é capaz de investigá-las e compreendê-las. No entanto, menciona-as para não tornar o leitor negligente. De fato, se as silenciasse completamente, julgando o leitor não haver absolutamente nada mais a pesquisar a respeito delas, deixaria completamente de lado a sua pesquisa. Ora, são elas três, como diz Boécio,[22] secretas e muito úteis, abordadas por não poucos filósofos, mas resolvidas por poucos. A primeira é a seguinte: será que os gêneros e as espécies subsistem ou estão postos nas isoladas ..., como

---

22 Boeth., *L.c.*, p.159, 17.

se dissesse, será que têm verdadeiro ser ou consistem apenas na opinião. A segunda é, caso se conceda que são verdadeiramente, será que são essências corporais ou incorporais? A terceira, será que são separados dos sensíveis ou // colocados neles? De fato, há duas espécies de incorpóreos,[23] pois, alguns podem permanecer na sua incorporeidade à parte dos próprios sensíveis, como Deus e a alma; outros, porém, não podem de modo nenhum ser à parte dos próprios sensíveis nos quais são, como a linha sem o corpo, que é seu sujeito. Percorre essas questões da seguinte maneira ao dizer: *No momento, quanto aos gêneros e espécies, recusar-me-ei a dizer se subsistem etc.; se os próprios subsistentes são corporais ou incorporais, e se eles próprios, sendo qualificados de incorporais, são separados dos sensíveis etc., e relacionados com eles.* Isso pode ser compreendido de diversas maneiras. Poderíamos considerar da seguinte maneira, como se dissesse: recusar-me-ei a falar a respeito das três questões supraenunciadas e algo distinto relacionado com elas, quer dizer, com essas três questões. Podem também ser feitas outras perguntas sobre os mesmos e que são igualmente difíceis, assim como o é aquela a respeito de qual seja a causa comum da imposição dos nomes universais, quer dizer, aquela de acordo com a qual coisas diversas se reúnem; ou ainda aquela a respeito da intelecção dos nomes universais pela qual nenhuma coisa parece ser concebida, nem parece que, pela palavra universal, se trate de alguma coisa; e muitas outras difíceis. Podemos também explicar da seguinte maneira o "relacionado com elas", de modo a acrescentarmos uma quarta questão, isto é: será que é necessário que tanto os gêneros como as espécies, en-

---

23 Boeth., *L.c.*, p.160, 23.

quanto são gêneros e espécies, tenham alguma coisa subordinada através da denominação ou se, destruídas as próprias coisas denominadas, então o universal poderia constar da significação da intelecção, como este nome "rosa" quando não há nenhuma das rosas às quais é comum. Discutiremos cuidadosamente a respeito de tais questões posteriormente. Agora, porém, prossigamos na letra do prólogo. Nota que, quando diz "no momento", isto é, no presente tratado, insinua de certo modo que o leitor espere que essas questões devam ser resolvidas em outro lugar. *Muitíssimo profundo*. Acrescenta a causa pela qual se abstém aqui destas questões, quer dizer: porque delas tratar é muitíssimo profundo no tocante ao leitor que não pode chegar até elas, o que ele determina imediatamente. *Necessitando de uma pesquisa maior*, pois, ainda que o autor seja capaz de resolver, o leitor não é capaz de pesquisar. Diria, "de pesquisa maior" do que é a tua. *Aquilo porém*. Exposto o que silencia, informa o que apresenta, isto é, aquilo que *destes*, isto é, do gênero e da espécie, *bem como* dos três outros *mencionados, os antigos*, não por certo pela idade, mas pelo senso, *ensinaram com probabilidade*, isto é, com verossimilhança, naquilo em que todos concordaram e não houve nenhuma discordância. Pois, ao solucionar as supracitadas questões, uns julgavam de um modo e outros de outro. Daí Boécio[24] lembrar que Aristóteles admite que os gêneros e as espécies subsistem apenas nos sensíveis, são, porém, inteligidos fora deles; Platão, no entanto, admite que eles, não só são inteligidos fora dos sensíveis, mas também que eles são fora dos sensíveis. *E destes* denomino *antigos no sentido mais perfeito os peripatéti-*

---

24 Boeth., *L.c.*, p.167, 12.

cos, isto é, uma parte destes antigos. Chama, no entanto, de peripatéticos os dialéticos ou quaisquer argumentadores.

9 // Nota também que o que cabe aos prólogos pode ser assinalado neste. De fato, Boécio diz o seguinte no *Comentário aos Tópicos de Cícero*: "Todo prólogo que tem a intenção de preparar o ouvinte, como se diz na *Retórica*, ou capta a benevolência, ou desperta a atenção, ou produz a docilidade".[25] É preciso, pois, que uma dessas três ou várias simultaneamente, esteja presente em todo prólogo. Ora, duas podem ser assinaladas neste, a saber, a docilidade no lugar em que apresenta de antemão a matéria, que são aqueles cinco; e a atenção no lugar em que, a partir da quádrupla utilidade, recomenda o tratado daquilo que os antigos elaboraram para o ensino desses cinco ou no lugar em que promete um procedimento introdutório. A benevolência, porém, não é aqui necessária, onde não há ciência detestável para quem pede o tratado dela por Porfírio.

Voltemos, porém, agora às supracitadas questões, como prometemos, para investigá-las com todo o cuidado e para resolvê-las. Uma vez que é certo serem os gêneros e as espécies universais, nos quais [Porfírio] de modo geral, a natureza de todos os universais, distingamos aqui de maneira comum as propriedades dos universais por meio das dos singulares e indaguemos se elas cabem apenas às *palavras* ou, também, às *coisas*.

Ora, no *Peri Hermeneias*[26] Aristóteles define o universal como *aquilo que é naturalmente apto para ser predicado de muitos*, ao

---

25 Boeth., *In Top. Cic.*, PL 64, p.1042 D.
26 A.M. Sev. Boetii *commentarii in librum Aristotelis Peri Hermeneias recensuit* Carolus Meiser, pars post. (t. 2), Lipsiae, 1880, Bibl. Teubneriana, p.135, 23: "aquilo que por natureza predica-se em muitos".

passo que Porfírio[27] define o singular, isto é, o indivíduo, como *aquilo que se predica de um só*. O que a autoridade parece atribuir tanto às coisas quanto às palavras. Com efeito, o próprio Aristóteles aplica-o às coisas, quando propunha logo antes da definição do universal o seguinte: *uma vez que algumas coisas são universais e outras singulares, chamo de universal o que é naturalmente apto para ser predicado de muitos e, de singular, o que não o é, etc.*[28] O próprio Porfírio,[29] também, ao afirmar que a espécie é constituída de gênero e diferença, situou-os na natureza das coisas. Donde se colhe, evidentemente, que as próprias coisas estão contidas no nome universal.

Mas os nomes, também, são chamados de universais. Daí a afirmação de Aristóteles: *o gênero determina a qualidade quanto à substância, pois ele significa como algo é*.[30] E Boécio declara no livro *Sobre as divisões: É muito útil saber que o gênero é de um certo modo uma semelhança única de muitas espécies, a qual revela a concordância substancial de todas elas*.[31] // Ora, é próprio das palavras *significar* ou *revelar*, e das coisas, o *serem significadas*. E acrescenta: *o vocábulo de nome predica-se de muitos nomes e é de certo modo uma espécie contendo indivíduos sob si mesma.*[32] Contudo, não é chamado propriamente de espécie, uma vez que não é vocábulo essencial, porém acidental; no entanto, é indubitavelmente um universal ao qual cabe a definição de universal. Donde, evidenciar-se que há também palavras universais às quais somente se atribui a função de servir de termos-predicados das proposições.

---
27 Boeth., *In Porph.*, ed. II, 183, 7.
28 Boeth., *In libr. Arist. Peri Herm.*, L.c, p.135, 21.
29 Boeth., *In Porph.* ed. II, p.258, 10.
30 Boeth., *In Categ. Arist.*, *PL* 64, p.194 C.
31 Boeth., *In Lib. de div.*, *PL* 64, p.885 C.
32 Boeth., *L.c.*, p.886 B.

Ora, uma vez que tanto coisas como palavras parecem ser chamadas de universais, deve-se investigar de que maneira a definição de universal pode ser aplicada às coisas. De fato, parece que nenhuma coisa, nem coleção alguma de coisas, pode ser predicada de muitos tomados um a um, sendo tal a exigência própria do universal. Pois, embora este povo ou esta casa ou Sócrates possam ser afirmados de todas as suas partes ao mesmo tempo, ninguém diz absolutamente que são universais, uma vez que a sua atribuição não se aplica a cada uma delas. Por outro lado, uma só coisa predica-se de muitos, muito menos ainda do que uma coleção. Ouçamos, portanto, como chamam de universal uma só coisa ou uma coleção e apresentemos todas as opiniões de todos.

Com efeito, *alguns*[33] tomam a coisa universal da seguinte maneira: eles colocam uma substância essencialmente a mesma em coisas que diferem umas das outras pelas formas; essa é a essência material dos singulares nos quais está presente, e é uma só em si mesma, sendo diferente apenas pelas formas dos seus inferiores. De fato, se acontecesse de se separarem essas formas, não haveria absolutamente diferença das coisas que se distinguem umas das outras apenas pela diversidade das formas, uma vez que, quanto à essência, a matéria é absolutamente a mesma. Por exemplo, em cada um dos homens, diferentes numericamente, está presente a mesma substância do homem que aqui se torna Platão por meio destes acidentes e ali Sócrates, por meio daqueles outros. Com esses Porfírio parece concordar plenamente, ao dizer: *Pela participação da espé-*

---

33 O que se segue até as palavras. "Sócrates, por meio daqueles outros" já foi editado pelo ilustríssimo senhor A. Rosmini-Serbati, *Aristotele esposto ed esaminato*, Turim, 1857, p.26.

cie muitos homens são um só, mas nos particulares o único e comum é muitos.³⁴ E acrescenta que *os indivíduos são ditos tais porque cada um deles resulta das propriedades cuja coleção não se encontra em nenhum outro*.³⁵ De modo semelhante, os mesmos colocam uma só e essencialmente a mesma substância de animal em cada um de vários animais diferentes quanto à espécie, a qual fazem entrar nessas diferentes espécies pela recepção de diversas diferenças, tal como se desta cera eu fizesse, ora a estátua de um homem, ora a estátua de um boi, acomodando as formas diferentes à essência que permanece absolutamente a mesma.³⁶ É preciso, porém, ter em consideração que a mesma cera não constitui as estátuas ao mesmo tempo, como se admite no caso do universal, isto é, // que o universal é de tal modo comum, como Boécio³⁷ afirma, que o mesmo está todo ao mesmo tempo nos diferentes dos quais constitui materialmente a substância e, embora seja em si mesmo universal, o mesmo é singular pelas formas que se lhe acrescentam, sem as quais subsiste naturalmente em si e, sem elas, não permanece de maneira nenhuma de modo atual, sendo universal em natureza, mas singular em ato, é inteligido como incorpóreo e não sensível na simplicidade da sua universalidade, mas o mesmo subsiste em ato de modo corpóreo e sensível por meio dos acidentes e, de acordo com o testemunho de Boécio,³⁸ os mesmos subsistem como singulares e são inteligidos como universais.

---

34 Boeth., *In Porph.*, p.228, 9.
35 Boeth., *L.c.*, p.234, 14.
36 Abelardo aduz o mesmo exemplo na *Theol. christ.*, PL 178, p.1288 BC.
37 Boeth., *In Porph.*, ed. II, p.162, 20.
38 Boeth., *L.c.*, p.166, 22.

E esta é *uma de duas sentenças*. Ainda que as autoridades pareçam concordar muito com ela, a física se lhe opõe de todos os modos. Com efeito, se essencialmente o mesmo, embora marcado por diversas formas, existe nos singulares, é necessário que a substância que é afetada por estas formas seja a que é marcada por aquelas, de tal modo que o animal formado pela racionalidade é o animal formado pela irracionalidade e, assim, o animal racional é o animal irracional e, desse modo, os contrários estariam presentes simultaneamente no mesmo; ou melhor, já não seriam de modo algum contrários, quando se encontram, ao mesmo tempo, em absolutamente a mesma essência, assim como nem a brancura nem a pretidão seriam contrárias, se ocorressem simultaneamente nesta coisa, ainda que a própria coisa fosse branca por uma razão e preta por outra, assim como é branca por uma causa e dura por outra, isto é, por causa da brancura e da dureza. De fato, nem mesmo os contrários por motivo distinto podem inerir simultaneamente no mesmo, como os relativos e muitos outros. Donde, Aristóteles,[39] ao tratar da *relação*, provar que o grande e o pequeno, que ele mostra estarem presentes simultaneamente no mesmo sob diversos aspectos, no entanto, pelo fato de estarem presentes simultaneamente no mesmo, não são contrários.

Mas, dir-se-á talvez, de acordo com aquela sentença que daí não se segue que: racionalidade e irracionalidade são menos contrárias por serem assim descobertas no mesmo, isto é, no mesmo gênero ou na mesma espécie, a menos que se sustentem no mesmo indivíduo. O que, também, assim se demons-

---

39 Boeth., *L.c.*, p.166, 22.

tra: racionalidade e irracionalidade estão verdadeiramente no mesmo indivíduo, já que estão em Sócrates. Mas, que estejam ao mesmo tempo em Sócrates, prova-se por isso que estão ao mesmo tempo em Sócrates e num asno.[40] Ora, Sócrates e o asno são Sócrates. // Na verdade, Sócrates e o asno são Sócrates porque Sócrates é Sócrates e o asno porque, de fato, Sócrates é Sócrates e Sócrates é o asno. Que Sócrates seja o asno, assim se demonstra, de acordo com aquela sentença: tudo o que está em Sócrates distinto das formas de Sócrates é o que está no asno distinto das formas do asno. Ora, tudo o que está no asno distinto das formas do asno é o asno. Tudo o que está em Sócrates distinto das formas de Sócrates é o asno. Mas, se é isso, uma vez que o próprio Sócrates é aquilo que é distinto das formas de Sócrates, então o próprio Sócrates é o asno. Que, porém, seja verdade o que admitimos acima, isto é, que tudo o que está no asno distinto das formas do asno é o asno, patenteia-se por isso que nem as formas do asno são o asno, uma vez que os acidentes seriam substância, nem a matéria juntamente com as formas do asno são o asno,

---

40 [No original *burnellus* (N.T.).] "A respeito do nome "burnellus" ou "brunellus" (cf. Hauréau, *Historie de la philosophie scolastique* I, Paris, 1872, p.380, 1): "Nome próprio de asno em Abelardo ... e em Alberto Magno". Raymundus Dreiling, *Der Konzeptualismus in der Universalienlehre des Franziskanerbischofs Petrus Aureoli*, Münster, 1913 (*Beiträge zur Gesch. der Philos. des Mittelalters* von C. Baeumker, Bd. XI, H. 6). p. 99. Du Cange, *Gloss.* s.v. Buricus: "Mss pônei, cavalo pequeno que chamam vulgarmente Brunicum"; s.v. Brunicus: "Isid. 1. 12 Orig. c. 1. Na verdade, pônei é um cavalo pequeno chamado vulgarmente de Brunitum ou Brunitium. Mais corretamente nas glosas antigas dos Mss Brunicum". Godefroy s.v. brunel, brun. "o touro (*toreau*) quer arar a terra, o asno (*Bruneau*) quer levar a sela".

pois então seria necessário admitir que corpo e não corpo são corpo.

Há alguns que, procurando uma escapatória, criticam apenas as palavras desta proposição, *o animal racional é o animal irracional*, mas não a sentença, dizendo que ele é tanto um quanto outro, mas que isso não é expresso apropriadamente por estas palavras *o animal racional é o animal irracional*, uma vez que a coisa, ainda que seja a mesma, é chamada racional por uma razão, e irracional por outra, isto é, por causa de formas opostas. Mas, certamente, não há oposição entre as formas que simultaneamente lhes aderissem de modo absoluto e, por isso, não se criticam estas proposições *o animal racional é animal mortal* ou *o animal branco é animal que anda*, porque ele não é mortal pelo fato de ser racional nem ele anda pelo fato de ser branco, mas tomam-se as duas como absolutamente verdadeiras, porque o mesmo animal tem ambas as formas simultaneamente, ainda que por razões diferentes. Se assim não fora, confessariam que nenhum animal é homem, uma vez que nada é homem pelo fato de ser animal.

Além disso, de acordo com a posição da supracitada sentença, as essências de todas as coisas são apenas dez, isto é, dez gêneros supremos, uma vez que em cada um dos predicamentos reconhece-se apenas uma essência que, como se disse, diversifica-se apenas pelas formas dos inferiores e sem elas não teria diversidade alguma. Por conseguinte, assim como todas as substâncias são absolutamente o mesmo, assim também todas as qualidades, quantidades, etc. Por conseguinte, uma vez que Sócrates e Platão têm as coisas de cada um dos predicamentos em si mesmos, e que elas próprias são absolutamente as mesmas, todas as formas de um são do outro, pois elas não são diferentes em si mesmas quanto à essência, assim como as substâncias às quais elas são inerentes como, por exemplo, a qualidade de um é a qualidade do outro, pois ambas são qualidades. Portanto, eles não são mais diferentes por causa da natureza das qualidades do que por causa da natureza da substância, porque a essência da sua substância é uma só, tal como é, igualmente, a das qualidades. Pela mesma razão, a quantidade, por ser a mesma, não os torna diferentes e tampouco nenhum dos outros predicamentos. Por isso, nenhuma diferença pode provir das formas que, consideradas em si mesmas, não são diferentes, assim como as substâncias também não o são.

13 // *Ainda mais*, como teríamos em conta uma pluralidade numérica nas substâncias, se a única diferença fosse a das formas, enquanto o sujeito substancial permanece absolutamente o mesmo? Com efeito, não podemos dizer que Sócrates seja numericamente múltiplo, em virtude de receber muitas formas.

Não se pode sustentar, além disso, que os indivíduos sejam constituídos pelos próprios acidentes. De fato, se os indivíduos adquirem o seu ser dos acidentes, evidentemente os acidentes lhes são naturalmente anteriores, assim como o são as diferenças em relação às espécies que elas conduzem ao ser. Pois, assim como o homem se distingue pela enformação da diferença, assim também referem-se a Sócrates, a partir da recepção dos acidentes. Donde, não pode haver Sócrates sem os acidentes, nem homem sem as diferenças. Por conseguinte, aquele não é fundamento dos acidentes, assim como o homem não o é das diferenças. Todavia, se os acidentes não estão nas substâncias individuais como em sujeitos, certamente não estão também nos universais. Com efeito, o que quer que esteja nas substâncias segundas como em sujeitos, demonstra-se que está universalmente nas substâncias primeiras como em sujeitos. Em consequência[41] disso, é claro que carece totalmente de razão a sentença pela qual se diz que a essência absolutamente idêntica existe simultaneamente em diversos. *Por isso, outros são de parecer diferente quanto à universalidade e, aproximando-se mais da determinação da coisa, afirmam* que as coisas singulares não apenas são diferentes entre si pelas formas, mas são pessoalmente distintas nas suas essências e que, de modo algum, aquilo que está numa, quer isto seja matéria ou forma, está na outra; e que, removidas as formas, nem por isso elas não podem subsistir menos distintas nas suas essências, porque a sua distinção pessoal, isto é, segundo a qual esta não é aquela, não é produzida pelas formas, mas se dá pela própria diversidade da essência, assim como as próprias formas são diversas, umas das outras, em si mesmas; de outra sorte, a diversidade das formas multiplicar-se-ia ao infinito, de tal modo que seria necessário supor outras formas para diversificar as demais. Porfírio notou tal diferença entre o mais geral e o mais especial, ao dizer: Ademais, a espécie não se tornaria jamais o mais geral nem o gênero o mais especial,[42] o que equivale a dizer – a diferença entre elas é que a essência de uma não é a essência da outra. Assim também, a distinção dos predicamentos é determinada, não por algumas formas que a realizam, mas pela diversificação da própria essência.

---

41 O que segue, até "para diversificar as demais" foi editado por Rosmini, *L.c.*
42 Boeth., *In Porph.*, ed. II, p.216, 6.

Mas,⁴³ como admitem serem todas as coisas tão diversas umas das outras, de tal modo que nenhuma delas participa com a outra nem da mesma matéria essencialmente nem da mesma forma essencialmente, // conservando ainda, todavia, o universal das coisas, denominam idêntico, não por certo *essencialmente*, mas *indiferentemente*, o que é distinto, tal como afirmam que todos os homens distintos em si mesmos são o mesmo no homem, isto é, não diferem na natureza da humanidade. Desse modo, eles denominam universais, conforme a indiferença e o acordo da semelhança, aqueles mesmos que chamam de singulares, segundo a distinção.

Mas aqui também há divergência, pois *alguns* não admitem a coisa universal senão na *coleção* de vários. De maneira alguma chamam Sócrates e Platão, por si mesmos, de uma espécie, mas denominam a todos os homens, reunidos simultaneamente, aquela espécie que é o homem, e todos os animais, tomados simultaneamente, aquele gênero que é o animal, e assim por diante. Parece concordar com eles a seguinte passagem de Boécio: *Não se deve julgar que a espécie seja outra coisa senão o pensamento da semelhança substancial dos indivíduos coligida e o gênero, da semelhança das espécies coligida.*⁴⁴

De fato, como diz "da semelhança coligida" sugere algo reunindo vários. Se assim não fora, não teriam, de modo algum, na coisa universal a predicação a vários ou a continência de muitos, e os universais não seriam menos numerosos que os singulares.

---

43 O que segue, até "segundo a distinção", foi publicado anteriormente por Rosmini, *L.c.* p.27-8.
44 Boeth., *In Porph.*, ed. II, p.166, 16.

Há, porém, outros que denominam espécie, não apenas os homens reunidos, mas também cada um deles enquanto são homens e, ao afirmarem que a coisa que é Sócrates predica-se de muitos, tomam-no em sentido figurado, como se dissessem: muitos são o mesmo que ele, isto é, combinam com ele ou ele próprio combina com muitos. Quanto ao número de coisas, estabelecem que há tantas espécies e gêneros quantos indivíduos, mas quanto à semelhança das naturezas indicam que o número dos universais é menor do que o dos singulares. De certo, todos os homens tanto em si mesmos são muitos, por força da diferença pessoal, um só, em razão da semelhança da humanidade e, quanto à diferença e à semelhança, são julgados ser diversos de si mesmos, tal como Sócrates, enquanto é homem, distingue-se de si mesmo enquanto é Sócrates. De outra forma, o mesmo não poderia ser o seu gênero ou espécie, a não ser que tivesse alguma diferença de si para consigo, uma vez que os relativos devem ser opostos pelo menos sob algum aspecto.

Agora, porém, refutemos antes de tudo a sentença proposta em primeiro lugar a respeito da coleção, e investiguemos como toda a coleção dos homens, considerada ao mesmo tempo, denominada uma espécie, tenha de ser predicada de muitos para que seja universal, embora ela inteira não seja afirmada de cada um. Mas, se for concedido que é predicada de diversos por partes, isto é, na medida em que cada uma de suas partes se adapta a si mesma, isso nada tem a ver com a comunidade do universal, que deve estar inteiro em cada um, segundo a afirmação de Boécio[45] e, nisso, distingue-se daquele comum que é comum

---

45 Boeth., *L.c.*, p.162, 17.

pelas suas partes, assim como um campo cujas diversas partes são de vários. *Além disso*, desse modo, Sócrates também seria predicado de muitos // conforme as diferentes partes, de tal modo que ele próprio seria um universal. *Ainda mais*, seria preciso chamar de universal vários homens quaisquer tomados simultaneamente e a definição de universal ou, também, de espécie adaptar-se-ia igualmente a eles, de tal forma que a coleção inteira dos homens incluiria muitas espécies. *Do mesmo modo*, denominaríamos qualquer coleção de corpos e de espíritos uma substância universal, de maneira que, sendo a coleção inteira das substâncias um gênero generalíssimo, retirada qualquer uma delas enquanto as outras permanecessem, teríamos muitos gêneros generalíssimos nas substâncias. *Mas talvez se dirá* que nenhuma coleção incluída num gênero generalíssimo é gênero generalíssimo. *Todavia, eu ainda rebato tal argumento*, pois se a coleção restante, uma vez separada das substâncias, não constitui um gênero generalíssimo, embora permaneça uma substância universal, então é necessário que ela seja uma espécie da substância e tenha uma espécie que lhe seja equivalente sob o mesmo gênero. Mas qual lhe pode ser oposta, uma vez que, ou a espécie da substância está contida inteiramente nela, ou partilha os mesmos indivíduos com ela, como, por exemplo, animal racional, animal mortal? *Ademais*, todo universal é naturalmente anterior aos seus próprios indivíduos. Ora, uma coleção do que quer que seja é um todo integral em relação a cada um daqueles de que se constitui e é naturalmente posterior àqueles de que é composta. *Além disso*, Boécio estabelece nas *Divisões*[46] que a diferença entre o todo

---

46 Boeth., *Lib. de div. PL* 64, p.879 D.

integral e o universal é que a parte não é o mesmo que o todo, mas a espécie é sempre o mesmo que o gênero. Todavia, de que modo a coleção inteira dos homens poderia ser a multidão dos animais?

Resta agora, por outro lado, combatermos aqueles que chamam de universal a cada um dos indivíduos na medida em que combinam com outros e concedem que os mesmos são predicados de muitos, não na medida em que muitos são essencialmente aqueles, mas porque muitos combinam com eles. *Ora, se* ser predicado de muitos é o mesmo que combinar com muitos, como dizemos que o indivíduo é predicado de um só, uma vez que nada há que combine com apenas uma coisa? *Como também se dá a diferença entre o universal e o singular pelo fato de algo ser predicado de muitos,* já que absolutamente da mesma maneira que o homem combina com muitos, Sócrates também combina? Certamente, o homem, na medida em que é homem, e Sócrates, na medida em que é homem, combinam com os outros. Mas nem o homem, na medida em que é Sócrates, nem Sócrates, na medida em que é Sócrates, combinam com os outros. Por conseguinte, aquilo que o homem tem, Sócrates também tem e do mesmo modo.

Além disso, uma vez que se concede que o homem que está em Sócrates e o próprio Sócrates são absolutamente a mesma coisa, não há diferença alguma deste para aquele. Com efeito, nenhuma coisa é, ao mesmo tempo, diversa de si própria porque o que quer que ela tenha em si mesma, ela o tem também absolutamente de mesmo modo. Donde, sendo Sócrates branco e gramático, embora tenha coisas diversas em si mesmo, não é diferente de si próprio por essas, uma vez que ele tem as mesmas duas absolutamente do mesmo modo. // De fato, não é gramático de um modo diferente de si mesmo ou branco de um outro modo, assim como o branco não é algo distinto de si e tampouco o gramático. Como se pode entender, outrossim, o dizerem que Sócrates combina com Platão no homem, uma vez que é certo que todos os homens diferem uns dos outros, tanto pela matéria quanto pela forma? De fato, se Sócrates combina com Platão numa coisa que é homem, mas nenhuma coisa é homem a não ser o próprio Sócrates ou um outro, é necessário que ele combine com Platão ou em si mesmo ou em um outro. Em si mesmo, porém, ele é antes diferente dele; quanto a um outro, é também assente, pois nem ele próprio é um outro. Há, porém, aqueles que tomam negativamente a expressão "combinar no homem", como se se dissesse: "Sócrates não difere de Platão no homem". Mas, então, ele pode também ser assim declarado porque não difere dele na pedra, uma vez que nenhum dos dois é pedra. Desse modo, não se nota maior combinação deles no homem do que na pedra, a não ser, porventura, que certa proposição preceda, como se se dissesse da seguinte maneira: "Eles são homem porque não diferem no homem". Mas, nem assim é aceitável, uma vez que é absolutamente falso que eles não difiram no homem. Com efeito, se Sócrates não difere de Platão na coisa que é o homem, nem em si mesmo dele difere. Ora, se difere dele em si mesmo, e ele próprio é a coisa que é o homem, certamente difere dele também na coisa que é o homem.

Entretanto, agora que já foram apresentadas as razões pelas quais as coisas, nem tomadas isolada nem coletivamente, podem ser chamadas de universais no que diz respeito ao serem predicadas de vários, *resta que confiramos essa universalidade apenas às palavras*. Assim, pois, como certos nomes são chamados *apelativos* pelos gramáticos, e certos outros, *próprios*, igual-

Lógica para principiantes

mente certas expressões simples são chamadas pelos dialéticos de *universais* e certas outras de particulares, isto é, *singulares*. Um vocábulo *universal*, entretanto, é aquele que, por sua descoberta, é apto para ser predicado de muitos tomados um a um, tal como este nome *homem*, que pode ser ligado com os nomes particulares dos homens segundo a natureza das coisas subordinadas às quais foi imposto. Já o *singular* é aquele que é predicável de um só, como Sócrates, tomado como nome de um único. Sem dúvida, se considerares de maneira equívoca, não terás um vocábulo e sim muitos vocábulos quanto à significação, porque, de acordo com Prisciano,[47] muitos nomes coincidem numa só palavra. Portanto, quando se determina que o universal é aquele que é predicado de muitos, a expressão "aquele que", usada no início, não indica apenas a simplicidade da expressão para distingui-lo dos enunciados como, também, a unidade da significação para distingui-lo dos [vocábulos] equívocos.

Ora, uma vez que foi mostrado o que se passa na definição do universal por força da expressão inicial *"aquele que"*, consideremos cuidadosamente as duas outras expressões que seguem, isto é, *"ser predicado"* e *"de muitos"*.

"Ser predicado" é poder ser verdadeiramente ligado a algo em virtude da enunciação do verbo substantivo no presente, como *"homem"* pode ser verdadeiramente ligado a diversos // por meio de verbo substantivo. Até mesmo verbos como *"corre"* e *"anda"*, quando são predicados de muitos, têm a força

---

47 Prisc., *Inst. gramm.*, ed. Hertz I, p.145, 22: "... Visto coincidirem numa palavra as posições dos nomes, tanto no que se refere aos próprios quanto aos apelativos".

copulativa do verbo substantivo. Daí afirmar Aristóteles no segundo livro do *Peri Hermeneias*: "*Quando não ocorre o verbo 'é', como no caso de correr e andar, têm a mesma função, assim postos, que teria o verbo 'é' se fosse acrescentado*".[48] E insiste: "*Em nada diferem o homem anda e o homem é andante*".[49]

No entanto, a expressão "*de muitos*" considera os nomes no que se refere à diversidade do que é nomeado. De outra forma, Sócrates seria predicado de muitos, uma vez que se diz: "*Este homem é Sócrates, este animal é este branco, este músico*". Com efeito, ainda que esses nomes sejam diversos na intelecção, têm, todavia, exatamente a mesma coisa subordinada.

Observe-se, porém, que a ligação *de construção*, da qual tratam os *gramáticos*, é distinta da *de predicação*, que é considerada pelos *dialéticos*, pois, por força da *construção*, podem ligar-se igualmente bem pelo "*é*", "*homem*" e "*pedra*" como quaisquer casos retos como "*animal*" e "*homem*" quanto a manifestar verdadeiramente uma intelecção, mas não quanto a mostrar o estado da coisa. Assim, a ligação de *construção* é boa todas as vezes que apresenta uma sentença correta, quer seja assim quer não. No entanto, a ligação de *predicação*, que aqui consideramos, diz respeito à natureza das coisas e à apresentação da verdade do seu estado. Se alguém disser o seguinte: "*o homem é pedra*", fez uma construção conveniente de homem ou de pedra, quanto ao sentido que quis apresentar, e não houve nenhum erro de gramática. Embora, por força da enunciação, pedra aqui se predique de homem, para o qual é construída como predicado – de acordo com o que, mesmo as proposi-

---

48 Boeth., *In libr. Arist. Peri Herm. Comm.* I, p.14, 12.
49 Boeth., *L.c.* I, p.19, 11.

ções categóricas falsas têm um termo-predicado –, na natureza das coisas não é predicável dele. Aqui, enquanto definimos o universal, damos atenção apenas à força da predicação. Parece, porém, que o universal nunca é inteiramente o que é um apelativo, nem o singular o que é um nome próprio, mas estão entre si como os que se excedem mutuamente e os que são excedidos. Com efeito, o apelativo e o próprio não contêm apenas os casos retos, mas também os oblíquos que não podem ser predicados e, por isso, são excluídos na definição do universal pela expressão "*ser predicado*"; também esses casos oblíquos, porque são menos necessários para a enunciação a qual somente, conforme Aristóteles[50] cabe à presente especulação, isto é, à consideração dialética, pois só ela compõe argumentações – de certo modo, não são colocados pelo próprio Aristóteles entre os nomes, e ele próprio não os chama de nomes, mas de casos dos nomes. Por outro lado, assim como não é necessário que todos os nomes apelativos ou próprios sejam denominados universais ou // singulares, assim também, reciprocamente. De fato, o universal não contém apenas nomes, mas também verbos e nomes indefinidos aos quais não parece aplicar-se a definição de apelativo dada por Prisciano.[51]

Agora, porém, já tendo sido estabelecida nas palavras a definição tanto do universal como do singular, investiguemos

---

50 Boeth., *L.c.* I, p.5, 26.
51 Prisc., *Inst. gramm.*, ed. Hertz I, p.58, 14: "De fato, a distinção entre o próprio e o apelativo é que o apelativo é naturalmente comum de muitos os quais une na mesma substância ou qualidade ou quantidade geral ou especial".

com cuidado notadamente *a propriedade das palavras universais*. Levantaram-se questões a propósito dessas palavras universais, porque se duvidava sobretudo de sua significação, uma vez que parecem não ter qualquer coisa subordinada nem fixar uma intelecção válida de algo. De fato, os nomes universais pareciam não se impor a coisa alguma, pois todas as coisas subsistiriam distintas em si mesmas e, como foi mostrado (p.66-7), não se reuniriam em coisa alguma, podendo os nomes universais ser impostos de acordo com a reunião em tal coisa. Por conseguinte, como é certo que os universais não se impõem às coisas de acordo com a diferença da sua distinção, pois, decerto, já não seriam comuns mas singulares, nem poderiam, por outro lado, nomeá-las enquanto se reúnem em alguma coisa, pois não há coisa alguma na qual se reúnam, os universais parecem não recolher significação alguma das coisas, particularmente por não fixarem nenhuma intelecção de alguma coisa. Por isso, Boécio afirma nas *Divisões*[52] que esta palavra "*homem*" provoca dúvida da intelecção, pois, uma vez ouvida, *a inteligência do ouvinte é arrebatada por muitas flutuações e é levada a erros*, diz ele. *Com efeito, a não ser que alguém defina, dizendo "todo homem anda" ou, pelo menos, "algum", e designe esse homem, se assim for de fato, a intelecção do ouvinte não tem o que inteligir racionalmente*. Com efeito, uma vez que "*homem*" foi imposto a cada um deles pela mesma causa, a saber, porque são animais racionais mortais, a própria comunidade da imposição é para ele um impedimento para que alguém possa ser inteligido nele como, ao contrário, neste nome *Sócrates* a própria pessoa de um só homem é inteligida; daí ser denominado singular. No

---

52 Boeth., *De divis.*, PL 64, p.889 B.

entanto, no nome comum que é *"homem"*, nem o próprio Sócrates nem outro, nem a coleção inteira dos homens é racionalmente inteligida por força da palavra, nem também, como querem alguns (p.62-3), é o próprio Sócrates, enquanto é homem, identificado por esse nome. Por certo, ainda que apenas Sócrates esteja sentado nesta casa e só por causa dele a proposição *"Um homem está sentado nesta casa"* seja verdadeira, de modo algum, pelo nome de homem, o sujeito é transposto para Sócrates, nem enquanto ele próprio também é homem; de outra sorte, inteligir-se-ia racionalmente a partir dessa proposição que o estar sentado é inerente a ele, de tal modo que se poderia inferir do fato de que um homem está sentado nesta casa, que Sócrates está sentado nela. Da mesma maneira, nenhum outro pode ser inteligido neste nome *"homem"*, nem sequer a coleção inteira dos homens, já que a proposição só pode ser verdadeira de um só homem. // Desse modo, parece que tanto *"homem"* como qualquer outro vocábulo universal não significa coisa nenhuma, uma vez que não fixa a intelecção de coisa alguma. Nem parece que possa haver intelecção que não tenha uma coisa subordinada que conceba. Daí a afirmação de Boécio no seu *Comentário*: "Toda intelecção, ou procede de uma coisa subordinada tal como a coisa se apresenta, ou como ela não se apresenta; pois, a intelecção não pode proceder de subordinado inexistente".[53] Em consequência disso, os universais parecem completamente desprovidos de significação.

Mas não é assim. De fato, eles significam, de certo modo, coisas diversas por meio da denominação, não porém fixando

---

53 Boeth. *In Porph.*, ed. II, p.163, 7.

uma intelecção procedente delas, mas pertinente a cada uma. Como esta palavra "homem" tanto nomeia cada um deles por motivo de uma causa comum, isto é, que são homens, pelo que é denominada universal, como constitui uma certa intelecção comum, não própria, isto é, pertinente a cada um deles, dos quais concebe a semelhança comum.

Mas,[54] agora, investiguemos com todo cuidado aquilo em que tocamos brevemente, isto é, qual é aquela causa comum segundo a qual o nome universal é imposto, e qual é a concepção da intelecção da semelhança comum das coisas, e se o vocábulo é denominado comum em virtude da causa comum na qual as coisas se reúnem ou em virtude da concepção comum ou em virtude de ambas simultaneamente.

Reflitamos primeiramente a respeito da causa comum. Cada um dos homens, distintos uns dos outros, embora difiram tanto pelas próprias essências quanto pelas formas – como lembramos acima (p.56 ss.) ao investigarmos a física da coisa – se reúnem nisto que são homens. Não digo no homem, já que nenhuma coisa é homem exceto uma coisa distinta, mas no ser homem. Ora, ser homem não é homem ou coisa alguma, se o considerarmos com mais cuidado, assim como não estar num sujeito não é alguma coisa, como também não o é não ser suscetível de contrariedade ou não ser suscetível de mais ou menos, no que, todavia, Aristóteles diz que todas as substâncias se reúnem. Com efeito, uma vez que, como foi demonstrado antes (p.66), não pode haver nenhu-

---

54 O que segue, até "lhes impôs a denominação, concebeu a semelhança comum", já foi editado por A. Rosmini Serbati, *Aristotele espost ed esaminat*, Turim, 1857, p.26.

ma combinação numa coisa e, se houver alguma combinação de alguns, essa deve ser tomada como aquilo que não é coisa alguma, tal como Sócrates e Platão são semelhantes no ser homem, assim como no não ser homem assemelham-se o cavalo e o asno, de acordo com o que ambos são denominados não homens. Assim, coisas diferentes se reunirem é cada uma delas ser ou não ser o mesmo, como ser homem ou ser branco ou não ser homem ou não ser branco. // Parece, porém, inadmissível que tomemos a combinação das coisas de acordo com aquilo que não é alguma coisa, como se uníssemos no nada as coisas que são; por exemplo, quando dizemos que este e aquele combinam no estado de homem, ou seja, nisto que são homens. Mas não entendemos senão que eles são homens e, de acordo com isso, não diferem de modo algum; de acordo com isso, explico-me, que são homens, ainda que não apelemos para nenhuma essência. Chamamos de estado de homem o próprio ser homem, que não é uma coisa e que também denominamos causa comum da imposição do nome a cada um, conforme eles próprios se reúnem uns com os outros. Às vezes, porém, designamos com o nome de causa também aquilo que não é alguma coisa, como quando se diz: "Ele foi espancado porque não quis ir ao foro". "Não quis ir ao foro", que é apresentado como causa, não é essência alguma. Assim, também podemos chamar de estado de homem as próprias coisas estabelecidas na natureza do homem, das quais aquele que lhes impôs a denominação concebeu a semelhança comum.

    Tendo exposto a significação dos universais quanto às coisas pela denominação, e tendo demonstrado a causa comum de sua imposição, exponhamos agora *o que são as intelecções que eles fixam*.

Distingamos primeiramente, de modo geral, a natureza de todas as intelecções.

Ora, uma vez que tanto as sensações quanto a intelecção são próprias da alma, a diferença entre elas é que as sensações são exercidas apenas por meio de instrumentos corpóreos e só percebem os corpos ou o que neles está, tal como a visão percebe uma torre ou as suas qualidades visíveis.[55] A intelecção, entretanto, assim como não precisa de um instrumento corpóreo, também não tem necessidade de um corpo subordinado para o qual se dirija, mas basta-lhe a semelhança da coisa que o próprio espírito elabora para si mesmo, e para a qual dirige a ação da sua inteligência. Donde, se a torre for destruída ou estiver à parte, a sensação que nela atuava perece, enquanto a intelecção permanece, se a semelhança da coisa for retida pelo espírito. Todavia, assim como a sensação não é a coisa sentida para a qual se dirige, assim também a intelecção não é a forma da coisa que ela concebe, mas a intelecção é uma certa ação da alma, pela qual é chamada de inteligente, e a forma para a qual se dirige é uma certa coisa imaginária e fictícia, que o espírito elabora para si quando quer e como quer, como são aquelas cidades imaginárias vistas durante o sono ou como aquela forma de um edifício a ser construído que o artesão concebe como semelhança e modelo da coisa a ser produzida e que não podemos chamar nem de substância nem de acidente.

---

55 Cf. *Tract. de intellectibus*. Petri Abael. *opera* ed. Cousin II, Paris, 1859, p.734. [Há uma edição e tradução em francês. P. Abelard. *Des intellections*. Texte établi, introduit, traduit et commenté par Patrick Morin. Paris: J. Vrin, 1993. (N.T.)]

21 // Alguns, entretanto, chamam-na de o mesmo que a intelecção, como chamam de o mesmo que a intelecção da torre o edifício da torre que concebo estando ausente a torre e que contemplo num campo espaçoso como alta e quadrada. Aristóteles,[56] que chama no *Peri Hermeneias* as afecções da alma, que eles denominam intelecções, de semelhanças das coisas, parece concordar. Nós, porém, chamamos a imagem de semelhança da coisa. Mas nada impede que a intelecção, de certo modo, também seja chamada de semelhança, uma vez que evidentemente concebe aquilo que se denomina propriamente semelhança da coisa. Que nós dissemos, e com razão, que é diferente daquela. Com efeito, eu pergunto se aquela quadratura e aquela altura é verdadeira forma da intelecção que se conduziria à semelhança da quantidade da torre e da sua composição. Ora, certamente, a verdadeira quadratura e a verdadeira altura não inerem senão aos corpos, e nem a inteleção nem alguma essência verdadeira podem ser enformadas por uma qualidade fictícia. Resta, por conseguinte, que, assim como a qualidade é fictícia, seja fictícia a substância que subjaz a ela. Além disso, talvez se possa dizer também que a imagem de um espelho, que parece revelar-se como sujeita à visão, nada é verdadeiramente, uma vez que, sem dúvida, a qualidade de uma cor contrária aparece, às vezes, na superfície brilhante do espelho.

Contudo, pode-se perguntar o seguinte: quando a alma sente e intelige o mesmo ao mesmo tempo, por exemplo, quando discerne uma pedra, será que a intelecção se ocupa também com a imagem da pedra ou a intelecção e a sensação

---

56 Boeth., *In libr. Arist. Peri Herm.* I, p.3, 10.

ocupam-se ao mesmo tempo com a própria pedra? Ora, parece mais racional que a intelecção não precise da imagem, já que a verdade da substância está presente a ela.[57] Se, porém, alguém disser que, onde há sensação não há intelecção, não o concedemos. De fato, às vezes acontece que a alma discerne uma coisa e intelige outra, como é evidente como os que estudam bem, os quais, enquanto discernem o que está presente com os olhos abertos, pensam, contudo, naquilo a respeito do que escrevem.[58]

Examinada de modo geral a natureza das intelecções, distingamos agora a intelecção dos universais e a dos singulares. As quais se separam certamente pelo seguinte: a de um nome universal concebe uma imagem comum e confusa de muitos, ao passo que a que a palavra singular engendra, apreende a forma própria e como que singular de um só, isto é, referente a apenas uma pessoa. Donde, quando ouço *"homem"*, uma certa semelhança surge em meu espírito, a qual se relaciona de tal modo com cada um dos homens que é comum a todos mas não é própria de nenhum. Quando, porém, ouço *"Sócrates"*, surge uma certa forma no espírito que exprime a semelhança de uma pessoa determinada. Daí, por meio desse vocábulo *"Sócrates"*, que introduz no espírito a forma própria de um único, uma coisa é certificada e determinada, ao passo que por *"homem"*, cuja inteligência // se baseia na forma comum de todos, a própria comunidade leva à confusão, de modo que não inteligimos de qual se trata dentre todos. Por conseguinte, diz-se que *"homem"* não significa diretamente nem Sócrates nem qualquer

---

57 Cf. *Tract. de intell.*, p.736, 11-2.
58 Cf. *Tract. de intell.*, p.735, 31.

outro homem, já que nenhum é certificado por força do nome, ainda que ele nomeie a cada um deles. Ao contrário, "*Sócrates*" ou qualquer nome singular pode não só nomear, mas também determinar a coisa que lhe é subordinada. Mas uma vez que dissemos antes (p.72) que, segundo Boécio, toda intelecção tem uma coisa subordinada, pergunta-se como isso se aplica às intelecções dos universais. Certamente, deve-se observar que Boécio introduz isso naquela argumentação sofística pela qual mostra que a intelecção dos universais é vazia. Daí, nada obstar, se não assevera isso de verdade; por conseguinte, evitando a falsidade, comprova as razões de outros. Podemos também chamar de coisa subordinada à intelecção, quer a verdadeira substância da coisa, como quando ela está presente ao mesmo tempo que a sensação, quer a forma concebida de uma coisa qualquer, isto é, na ausência da coisa, seja essa forma, como dissemos, comum, seja própria; digo comum quanto à semelhança de muitos que ela retém, embora, por outro lado, seja considerada em si como uma coisa una. Assim, pois, para mostrar a natureza de todos os leões, pode-se fazer uma pintura representando o que não é próprio de nenhum deles e, ao contrário, uma outra que pode ser ajustada para distinguir qualquer um deles e que revele algo próprio dele, como se for pintado coxeando, mutilado ou ferido pela seta de Hércules. Portanto, assim como se pinta uma figura comum das coisas e outra singular, assim também concebe-se uma comum e outra própria.

Entretanto, quanto a esta forma para a qual se dirige a intelecção, duvida-se de modo nada absurdo se o nome também a significa, o que parece ser confirmado tanto pela autoridade quanto pela razão.

Com efeito, no primeiro livro das *Construções*, Prisciano,[59] depois de haver mostrado a imposição comum dos universais aos indivíduos, parece ter-lhes acrescentado uma outra significação, isto é, a respeito da forma comum, dizendo: "aquilo pelo que os gêneros ou as espécies das coisas da natureza são mostrados também pode ser próprio às formas gerais e especiais das coisas que estão constituídas inteligivelmente na mente divina antes que se apresentassem nos corpos". Trata-se nesse passo de Deus como de um artesão a ponto de construir alguma coisa, que concebe de antemão em sua alma a forma exemplar da coisa a ser construída, à semelhança da qual trabalharia e, quando uma coisa verdadeira é construída à sua semelhança, então se diz que ela se manifesta no corpo. // Todavia, essa concepção comum é convenientemente atribuída a Deus, mas não ao homem, porque aquelas obras são estados gerais ou especiais da natureza e não do artífice, tal como o homem, a alma ou a pedra são obras de Deus, ao passo que uma casa ou uma espada são obras do homem.[60] Donde estas, casa e espada, não serem obras da natureza como aquelas, nem as suas denominações serem de substância, mas de acidente e, por isso, não são nem gêneros nem espécies últimas. Daí também tais concepções por abstração serem convenientemente atribuídas à mente divina, mas não à humana, porque os homens, que conhecem as coisas apenas pelas sensações, raramente ou nunca se elevam a uma simples inteligência des-

---

59 Prisc., *Inst. gramm.*, L. XVII, c. 44 ed. Hertz II, p.135, 7. Cf. Abael., *Theol. christ.* L. IV, PL 178, p.1307 B, *Theol.*, p.991 A, e em outros lugares.
60 Cf. *Dialect.* ed. Cousin, *Ouvrages inédits d'Abélard*, Paris, 1836, p.377.

se tipo e o caráter sensível exterior dos acidentes impede-os de conceber de modo puro as naturezas das coisas. Deus, porém, a quem todas as coisas que criou são patentes por si mesmas, e que as conheceu antes que fossem, distingue cada um dos estados em si mesmo e a sensação não é empecilho para Aquele que é o único a possuir uma verdadeira inteligência.[61] Daí ocorrer que os homens, naquilo que não tocaram pelas sensações, têm mais opinião do que inteligência, o que aprendemos pela própria experiência. Assim, pensando a respeito de uma cidade que não vimos, descobrimos, ao chegarmos a ela, que a imaginamos diferente do que é.[62]

Assim também, creio que temos mais opinião a respeito das formas intrínsecas que não chegam até as sensações, tais como a racionalidade e a mortalidade, a paternidade e o estar sentado. Todavia, quaisquer nomes de quaisquer existentes, quanto neles está, engendram mais intelecção do que opinião, porque o seu descobridor teve a intenção de impô-los de acordo com algumas naturezas ou propriedades das coisas, ainda que nem ele próprio soubesse excogitar convenientemente a natureza ou a propriedade da coisa. Daí Prisciano chamar essas concepções comuns de gerais ou especiais, uma vez que, de qualquer modo, os nomes gerais ou especiais no-las insinuam. Diz ele que os próprios universais são como que os nomes próprios para essas concepções, os quais, embora sejam de significação confusa quanto às essências denominadas, dirigem imediatamente o espírito do ouvinte para aquela concepção comum, assim como os nomes próprios

---

61 Cf. *Tract. de intell.*, p.737, 14. Boeth., *In libr. Arist. Peri Herm.* II, 22, 9.
62 Cf. *Tract. de intell.*, p.746, 35.

para a coisa única que eles significam. Também, o próprio Porfírio,[63] quando diz que certas coisas são constituídas de matéria e forma, e outras à semelhança da matéria e da forma, parece ter entendido esta concepção quando diz à semelhança da matéria e da forma, do que se falará mais completamente no seu devido lugar.* Boécio,[64] igualmente, quando diz que o pensamento coligido da semelhança // de muitos é um gênero ou uma espécie, parece ter entendido a mesma concepção comum. Alguns pensam que Platão também fosse do mesmo parecer, certamente por chamar de gêneros ou espécies aquelas ideias comuns que ele coloca no *noûs*. Lembra Boécio que talvez nisso ele discordasse de Aristóteles, quando este diz[65] que ele [Platão] pretendia que os gêneros, as espécies e demais não apenas fossem inteligidos como universais, mas também que existissem e subsistissem fora dos corpos, como se dissesse que ele entendia como universais aquelas concepções comuns que ele colocou separadas dos corpos no *noûs*, tomando talvez o universal não conforme a predicação comum, tal como faz Aristóteles, mas antes segundo a semelhança comum de muitos. Com efeito, parece que aquela concepção não se predica de modo algum de muitos como um nome que se aplica a muitos tomados um a um.

Pode-se resolver de outra maneira o que ele diz quanto a Platão pensar que os universais subsistem fora dos sensíveis, de tal modo que não haja discordância alguma no ensino dos

---

63 Boeth., *In Porph.*, ed. II, p.267, 3.
* No original, p.79ss., não traduzido. (N.T.)
64 Boeth., *In Porph.*, ed. II, p.166, 16.
65 Boeth., *L.c.*, p.167, 12.

filósofos. De fato, o que Aristóteles diz quanto aos universais subsistirem sempre nos sensíveis, ele o disse quanto ao ato, porque, evidentemente, aquela natureza que é o animal, designada pelo nome universal e, de acordo com isso, chamada de universal por certa transferência, nunca é encontrada em ato a não ser na coisa sensível, mas Platão pensa que ela subsiste naturalmente em si mesma de tal modo que conservaria o seu ser se não estivesse sujeita à sensação e, de acordo com este ser natural, é chamada pelo nome universal. Por conseguinte, o que Aristóteles nega quanto ao ato, Platão, o investigador da física, atribui à aptidão natural e, desse modo, não há discordância nenhuma entre eles.

Aduzidas *as autoridades* que parecem assegurar que as formas comuns concebidas são designadas pelos nomes universais, *a razão* também parece concordar. Com efeito, que outra coisa é concebê-las pelos nomes, senão serem significadas por eles? Mas, certamente, uma vez que nós admitimos que elas são diferentes das intelecções, já surge, além da coisa e da intelecção, uma terceira significação dos nomes. O que, embora não se ampare em *autoridade* alguma, não é contrário à razão.

Indiquemos, por outro lado, o que antes (p.68) prometemos definir, isto é, se a comunidade dos nomes universais é determinada segundo a *causa comum de imposição*, ou segundo a *concepção comum*, ou segundo ambas. Nada obsta, porém, se o for segundo ambas, mas a *causa comum*, que é tomada segundo a natureza das coisas, parece possuir uma força maior.

Deve-se também definir aquilo que antes lembramos (p.75), isto é, que as intelecções dos universais se dão por abstração, e como as chamamos de isoladas, nuas e puras, mas não vazias.

25 // Tratemos, em primeiro lugar, da *abstração*.⁶⁶ Assim, deve-se saber que a matéria e a forma apresentam-se sempre misturadas uma com a outra, mas a razão do espírito tem o poder de ora considerar a matéria por si mesma, ora dirigir a atenção só para a forma, ora conceber ambas misturadas. Por certo, os dois primeiros são por abstração, pois abstraem algo dos que estão reunidos para considerarem sua própria natureza. Mas o terceiro é por conjunção. Por exemplo, a substância deste homem tanto é corpo, animal, e homem, como revestida de formas infinitas; quando dirijo a atenção para ela na essência material da substância, afastadas todas as formas, tenho uma intelecção por abstração. Em seguida, quando atento nela apenas para a corporeidade que ligo à substância, também esta intelecção – embora se dê por conjunção em relação à primeira, que atentava apenas para a natureza da substância – se faz também por abstração quanto às outras formas além da corporeidade, para nenhuma das quais atento, tal como a animação, a sensibilidade, a racionalidade, a brancura.

Ora, tais intelecções por abstração pareceriam, talvez, falsas ou vãs porque percebem a coisa de modo diferente de como subsiste. Com efeito, uma vez que atentam para a matéria por si mesma ou para a forma separadamente, na medida em que nenhuma delas subsiste em separado, parecem na verdade conceber a coisa de modo diferente do que é e serem, por isso, vazias. Mas não é assim. De fato, se alguém intelige a coisa de modo diferente de como se apresenta, de tal maneira que atente para ela naquela natureza ou propriedade que ela não tem, essa intelecção é certamente vazia. Mas isso não

---

66 Cf. *Tract. de intell.*, p.745-7.

se passa na abstração. Com efeito, quando atento para este homem apenas na natureza de substância ou de corpo e não também na de animal, de homem ou de gramático, evidentemente nada intelijo senão o que está nela, mas não atento para tudo o que ela tem. E quando digo que atento para ela apenas enquanto ela tem este algo, aquele "apenas" refere-se à *atenção*, não ao *modo de subsistir*, pois, de outra sorte, a intelecção seria vazia. De fato, a coisa não tem apenas isso, mas é atentada apenas como tendo isso. Entretanto, diz-se que de certa maneira é inteligida de modo diferente daquele como é, não evidentemente num outro estado do que é, como foi dito antes (p.73), mas nesse estado de modo diferente, *pois o modo de inteligir é diferente do modo de subsistir*. Com efeito, esta coisa é inteligida separadamente da outra, mas não como separada, pois, enfim, ela não existe em separado; a matéria é percebida puramente e a forma simplesmente, quando nem uma é puramente nem a outra, simplesmente, de modo que tal pureza ou simplicidade revertam à inteligência da coisa e não à sua subsistência, de tal maneira que, por certo, são modos de inteligir e não de subsistir. Às vezes, as sensações também agem ao contrário quanto aos compostos, como, por exemplo, se houver uma estátua, metade de ouro e metade de prata, posso discernir separadamente o ouro e a prata que estão unidos, isto é, examinando, ora o ouro, // ora a prata por si mesma, discernindo coisas unidas, mas não como separadas, pois não são separadas. Assim, a intelecção também atenta, por abstração, separadamente para os não separados, pois, de outra sorte, seria vazia.

Todavia, talvez possa ser correta a intelecção que, de um lado, considera os que estão unidos como separados e, de outro, como unidos e inversamente. De fato, tanto a união quanto a divisão das coisas pode ser tomada em dois sentidos. Na verdade, dizemos que certas coisas estão unidas entre si por alguma semelhança, como estes dois homens nisso que são homens ou gramáticos, ao passo que outras estão unidas por uma certa aposição e agregação, tal como a forma e a matéria ou o vinho e a água. A intelecção concebe as coisas assim unidas entre si, como divididas de um modo e unidas de outro. Por isso, Boécio[67] atribui ao espírito esta capacidade de poder, pela sua razão, compor os separados e desunir os compostos, sem se afastar contudo, em ambos os casos, da natureza da coisa, mas percebendo apenas aquilo que está na natureza da coisa. Se assim não fora, não se trataria de razão mas de opinião, isto é, se a inteligência se desviasse do estado da coisa.

Mas a esta altura surge uma *questão relativa à previsão do artífice*: será que ela é vazia quando já possui no espírito a forma da obra futura, enquanto a coisa ainda não se apresenta assim. Se admitirmos isso, seremos forçados a dizer que também é vazia a previsão que Deus teve antes da criação das suas obras. Mas se alguém disser isso quanto ao efeito, isto é, que não realizaria efetivamente o que teria previsto, então é falso que a previsão tivesse sido vazia. Daí, se alguém disser que ela é vazia porque ainda não concordaria com o estado futuro da coisa, nós certamente não admitiremos essas péssimas palavras, mas não contradiremos a opinião. De fato, é verdade que o estado futuro do mundo ainda não era materialmente, enquanto ele o dispunha inteligivelmente como ainda futuro.

---

67 Cf. *Tract. de intell.*, p.748.

Lógica para principiantes

Todavia, não costumamos dizer que o pensamento ou a previsão de alguém são vazios, a não ser que careça de efeito, nem dizemos que se pensa em vão a não ser aquilo que não realizamos efetivamente. Por conseguinte, modificando as palavras, digamos que não é vazia a previsão que não pensa em vão, mas que concebe o que ainda não é materialmente como se subsistisse, o que certamente é natural a todas as previsões. Na verdade, o pensamento quanto ao que é futuro é chamado de previsão, quanto ao que é passado, de memória e quanto ao que é presente denomina-se propriamente inteligência. Entretanto, se alguém disser que aquele que pensa, ao prever a respeito de um estado futuro como se fosse a respeito de algo já existente, se engana, este mesmo que julga que se deve dizer que alguém se engana, mais se engana. Com efeito, não se engana aquele que prevê o futuro, a não ser que creia que já é assim como ele prevê. De fato, a concepção de uma coisa não existente não leva alguém a se enganar, mas sim a fé que lhe é prestada. Na verdade, embora eu pense num corvo racional, sem acreditar em tal, não me engano. Assim também, aquele que prevê: porque aquilo que // pensa como já existente, não julga que exista deste modo, mas o pensa como presente da maneira como o coloca como presente no futuro. Certamente, toda concepção do espírito é como se fosse a respeito do presente. Assim, se eu considerar Sócrates como uma criança que foi ou como um velho que será, junto a ele como que de modo presente, a meninice ou a velhice, porque atento para ele no presente quanto a uma propriedade passada ou futura. Todavia, ninguém diz que tal memória é vazia porque atenta no passado o que concebe como presente. Mas discutir-se-á mais completamente a respeito disso no comentário sobre o *Peri Hermeneias*.[68]

Essa questão, no que diz respeito a Deus, é ainda mais bem resolvida se tomada como se referindo à sua substância, que, sendo a única imutável e simples, não se altera pelas concepções das coisas ou por outras formas. Pois, ainda que o costume da linguagem humana presuma falar do Criador como que das criaturas, como, por exemplo, ao dizer que ele é presciente ou inteligente, nada, porém, de diverso dele mesmo deve inteligir-se ou pode ser nele, por exemplo, nem a intelecção nem outra forma. E, por isso, toda questão a respeito da intelecção em relação a Deus é supérflua. Mas, a falarmos a verdade mais expressamente, prever o futuro para ele nada mais é do que o futuro não estar oculto para ele, que é a verdadeira razão em si mesma.

Agora, porém, que muito foi mostrado a respeito da natureza da abstração, *voltemos às intelecções dos universais*, as quais é necessário que se façam sempre por abstração. Com efeito, quanto ouço *"homem"* ou *"brancura"* ou *"branco"*, não me lembro, por força do nome, de todas as naturezas ou propriedades que estão nas coisas subordinadas, mas por meio de *"homem"* tenho apenas a concepção, embora confusa, não distinta, de animal e de racional mortal, não porém dos demais acidentes. De fato, as intelecções dos singulares também se fazem por abstração, uma vez que se diz, por exemplo: esta substância, este corpo, este animal, este homem, esta brancura, este branco. Na verdade, por meio de *"este homem"* atento

---

68 Cf. o que vai dito abaixo nas *Glosas sobre o Peri Hermeneias* a respeito da p.43, 26 de Boéc. assinalada na margem.

Lógica para principiantes

apenas para a natureza do homem, mas referida a um certo sujeito, ao passo que por meio de *"homem"* atento para aquela mesma natureza simplesmente em si mesma, não referida a qualquer dos homens.

Portanto, a intelecção dos universais é, com razão, denominada isolada, nua e pura: isolada, sem dúvida, das sensações, porque não percebe a coisa como sensível; nua, quanto à abstração de todas ou de algumas formas, e completamente pura, quanto à distinção porque nenhuma coisa, quer seja matéria, quer seja forma, é certificada nela, razão pela qual chamamos antes (p.76) uma concepção desse tipo de confusa.

Posto o que precede, passemos, portanto, à resolução das questões propostas por Porfírio a respeito dos gêneros e das espécies, o que já podemos fazer facilmente, já que foi revelada a natureza de todos os universais.

Assim, a *primeira* dessas questões era se os gêneros e as espécies subsistem, isto é, significam algo verdadeiramente existente ou se estão postos apenas na // intelecção etc., isto é, se estão colocados numa opinião vazia sem a coisa, tal como estes nomes de quimera e hircocervo* que não engendram uma inteligência sadia.

A isso é preciso responder que, na verdade, significam pela denominação coisas verdadeiramente existentes, isto é, as mesmas que os nomes singulares e que, de modo algum, estão colocados numa opinião vazia; contudo, de certa maneira, consistem, como ficou estabelecido, numa intelecção isolada, nua e

---

* Quimera designa um monstro fabuloso com cabeça de leão, corpo de cabra e cauda de dragão; hircocervo, um outro, composto de bode e cervo. (N.T.)

pura. Nada obsta, porém, se quem propõe uma questão, toma, ao perguntar, algumas palavras de um modo e quem responde as toma de outro modo ao responder, como se aquele que responde dissesse: Perguntas se estão colocados apenas na intelecção, etc. O que podes tomar da maneira como estabelecemos acima (p.87) e que é verdade. As palavras podem também ser tomadas de modo absolutamente igual em toda parte, tanto por quem responde quanto por quem pergunta, e então surgirá uma só questão, não através de opostos, dos membros anteriores das duas questões dialéticas, isto é, as seguintes: se são ou não são e, de novo, se estão colocados ou não nas intelecções isoladas, nuas e puras.

O mesmo pode ser dito quanto à *segunda* que é a seguinte: se os subsistentes são corporais ou incorporais, isto é, uma vez que se concede que significam subsistentes, se significam aqueles subsistentes que são corporais ou os que são incorporais. Certamente, como diz Boécio,[69] tudo o que é, ou é corpóreo ou incorpóreo, quer tomemos tais nomes por corpo substancial ou não corpo, quer por aquilo que pode ser percebido por um sentido corpóreo – tal como o homem, a madeira, a brancura – ou não pode – como a alma, a justiça. Corpóreo pode também ser tomado por separado, como se se perguntasse assim: Uma vez que significam subsistentes, será que os significam separados ou não separados? Com efeito, quem investiga bem a verdade da coisa não atenta apenas para o que pode ser dito verdadeiramente, mas para tudo o que pode ser opinado. Donde, ainda que seja certo para alguém que nada subsiste, exceto o que é separado, uma vez que po-

---

69 Boeth., *In Porph.*, ed. II, p.160, 14.

deria haver a opinião de que houvesse algo de outro, não sem razão questiona-se também a esse respeito. E, de fato, essa última acepção de corpóreo parece corresponder mais à pergunta, de tal modo que se pergunte sobre o que é separado ou não separado. Mas talvez quando Boécio diz que tudo o que é, ou é corpóreo ou incorpóreo, o incorpóreo parece ser supérfluo, já que nenhum existente é incorpóreo, isto é, não separado. Nem o que é introduzido quanto à ordem das questões parece valer o que quer que seja a não ser, porventura, nisto que, assim como corpóreo e incorpóreo dividem os subsistentes na outra significação, assim também parece que nesta, como se aquele que pergunta dissesse assim: Vejo que dos existentes, uns se dizem corporais e outros incorporais; quais destes dizemos que são os que são significados pelos universais? A ele se responde: De um certo modo, os corporais, isto é, // separados na sua essência, e os incorporais quanto à designação do nome universal, porque não os denominam separada e determinadamente, mas confusamente, como o ensinamos acima suficientemente (p.76). Daí também os próprios nomes universais serem chamados corpóreos quanto à natureza das coisas e incorpóreos quanto ao modo de significação, porque, embora denominem o que é separado, não o denominam separada e determinadamente.

A terceira questão, a saber, se se encontram nos sensíveis etc., decorre de se conceder que são incorpóreos porque, de fato, o incorpóreo, tomado de um certo modo, divide-se por ser e não ser no sensível, como também o lembramos acima (p.51). Diz-se que os universais subsistem nos sensíveis, isto é, que significam a substância intrínseca existente na coisa sensível em virtude das formas exteriores e que, significando essa substância que subsiste em ato na coisa sensível, manifestam-na contudo, como naturalmente separada da coisa sensível, como estabelecemos acima de acordo com Platão (p.81). Por isso, Boécio[70] afirma que os gêneros e as espécies inteligem-se, mas não são, à parte dos sensíveis, evidentemente porque as coisas dos gêneros e das espécies, quanto à sua natureza, são tidas em atenção racionalmente em si, à parte de toda sensibilidade, porque poderiam verdadeiramente subsistir em si mesmas, uma vez que as formas exteriores, pelas quais chegam às sensações, tenham sido removidas. Pois, concedemos que todos os gêneros ou espécies encontram-se nas coisas sensíveis. Mas, porque sua intelecção era sempre chamada de isolada da sensação, eles não pareciam de modo algum estar nas coisas sensíveis. Por isso, perguntava-se com razão se poderiam alguma vez estar nos sensíveis; e responde-se, quanto a certos deles, que estão, mas de tal maneira que, como foi dito, permanecem naturalmente à parte da sensibilidade.

Podemos, entretanto, tomar na segunda questão corpóreo e incorpóreo por sensível e não sensível a fim de que a ordem das questões seja mais adequada e, uma vez que se dizia que a intelecção dos universais é isolada da sensação, como se afirmou (p.87), indagou-se corretamente se seriam sensíveis ou não sensíveis; e como se respondesse que alguns deles são sensíveis quanto à natureza das coisas, mas que os mesmos são não sensíveis quanto ao modo de significar – isto é, porque não designam as coisas sensíveis que denominam do modo como são sentidas, quer dizer, como separadas, nem a sensação

---

70 Boeth., *In Porph.*, ed. II, p.167, 14.

as detecta pela manifestação deles – restava a questão de se denominam apenas os próprios sensíveis ou se também significam algo de outro; ao que se responde que significam, ao mesmo tempo, os próprios sensíveis e aquela concepção comum que Prisciano atribui principalmente à mente divina.

E relacionados com eles. Com relação ao que nós entendemos aqui como a *quarta questão*, como lembramos acima (p.52), a solução é esta: que // nós, de modo algum, admitimos que haja nomes universais quando, tendo sido destruídas as suas coisas, eles já não são predicáveis de vários, porquanto nem são comuns a quaisquer coisas, como o nome da rosa, quando já não perduram mais rosas, o qual, entretanto, ainda é então significativo em virtude da intelecção, embora careça de denominação, pois, de outra sorte, não haveria a proposição: não há nenhuma rosa.

Era, porém, natural que surgissem questões a respeito das palavras universais e não das singulares, porque não havia tal dúvida quanto à significação das singulares. Com efeito, o seu modo de significar estava bem de acordo com o estado das coisas. As quais, assim como são em si separadas, assim são significadas por eles separadamente e a intelecção deles apreende uma coisa determinada, o que não cabe aos universais. Além disso, uma vez que os universais não significam as coisas enquanto separadas, não pareciam também significá--las unidas, já que não há nenhuma coisa na qual se unam, como também ensinamos acima (p.70-2). Assim, uma vez que havia tanta dúvida quanto aos universais, Porfírio resolveu tratar apenas dos universais, excluindo os singulares da sua intenção por como que serem bastante claros em si mesmos, ainda que deles trate incidentalmente, por causa daqueles.

Deve-se notar, porém, que, embora a definição do universal ou do gênero ou da espécie inclua apenas palavras, esses nomes são frequentemente transpostos para as suas coisas, como quando se diz que a espécie consta do gênero e da diferença, isto é, a coisa da espécie da coisa do gênero. De fato, quando se explica a natureza das palavras quanto à significação, ora se trata das palavras, ora das coisas e frequentemente os nomes daquelas são transpostos para estas e reciprocamente. Daí principalmente o tratamento ambíguo tanto da lógica quanto da gramática ter induzido em erro, pelas transferências dos nomes, muitos que não distinguem bem a propriedade da imposição dos nomes ou o abuso da transferência.

Especialmente Boécio, nos seus *Comentários*, faz essa confusão pelas transferências e particularmente quanto à investigação dessas questões, de tal forma que certamente o que ele denomina os gêneros e as espécies parece abandonar o que é correto. Percorramos, pois, suas questões brevemente e apliquemo-nos, como convém, à referida doutrina. Aqui, na investigação das questões, a fim de resolver melhor o problema, perturba-o primeiramente por meio de algumas questões e argumentos sofísticos para nos ensinar, pouco depois, a nos desembaraçar deles. E faz a proposta inadmissível de que se deve negligenciar[71] todo cuidado e investigação a respeito dos gêneros e das espécies, como se dissesse que evidentemente os vocábulos gêneros e espécies não podem ser ditos aquilo que parecem, seja quanto à significação das coisas, seja quanto à intelecção. Demonstra-o, quanto à significação das coisas, nisso que nunca se encontra uma coisa universal, quer

---

71 Boeth., *In Porph.*, ed. II, p.163, 21.

31 seja ela única quer múltipla, isto é, // predicável de vários, como ele próprio explica cuidadosamente e nós comprovamos acima (p.55 ss.). Na verdade, que uma coisa não é universal e, portanto, nem gênero nem espécie, ele o afirma em primeiro lugar ao dizer:[72] Tudo o que é uno, é uno em número, isto é, separado na sua própria essência; ora, os gêneros e as espécies, que devem ser comuns a vários, não podem ser uno em número e, portanto, não podem também ser uno. Mas uma vez que alguém poderia dizer contra o pressuposto que são um tal tipo de uno em número que seja comum, retira-lhe este subterfúgio, ao dizer:[73] Todo uno em número comum, ou é comum pelas suas partes ou todo pela sucessão dos tempos ou todo no mesmo tempo, mas de tal maneira que não constitui as substâncias daqueles aos quais é comum. Remove imediatamente todos esses modos de comunidade tanto do gênero como da espécie, dizendo que eles antes são comuns de tal maneira que estão todos ao mesmo tempo em cada um e constituem a sua substância. Sem dúvida, os nomes universais não são participados por partes pelos diversos que eles denominam, mas todos e íntegros são nomes de cada um ao mesmo tempo. Pode-se dizer, também, que eles constituem as substâncias daqueles aos quais são comuns, ou por significarem por transferência as coisas que constituem outras – por exemplo, *animal* denomina algo no cavalo ou no homem que é a matéria deles ou mesmo dos inferiores dos homens – ou se diz que constituem a substância por, de certa maneira, levarem ao conhecimento daquilo donde provém a

---

72 Boeth., *L.c.*, p.162, 2.
73 Boeth., *L.c.*, p.162, 16.

denominação do que lhes é substancial, pois *homem* indica este todo que é animal, racional e mortal.

Depois que Boécio mostra a respeito de uma coisa una que não é universal, comprova o mesmo quanto a uma múltipla, quer dizer, mostrando que também uma multidão de coisas separadas não é espécie ou gênero, e destrói esta opinião pela qual alguém poderia dizer que todas as substâncias tomadas simultaneamente são o gênero *"substância"* e todos os homens a espécie que é homem, como se se dissesse o seguinte: Se afirmarmos que todo gênero é uma multidão de coisas que concordam substancialmente, por certo toda multidão desse tipo terá naturalmente algo distinto acima de si e este, por sua vez, terá outro, até o infinito; o que é inadmissível. Por conseguinte, ficou evidenciado que os nomes universais não parecem universais quanto à significação das coisas, quer de uma, quer de múltiplas, porquanto não significam nenhuma coisa universal, isto é, predicável de vários.

Que, além disso, não podem ser chamados de universais quanto à significação da intelecção, ele o argui por manifestar sofisticamente que essa intelecção é vazia porque, evidentemente, apresenta-se de modo diferente de como a coisa subsiste, uma vez que se dá por abstração. Sem dúvida, tanto ele próprio desatou suficientemente o nó de tal sofisma como nós o fizemos cuidadosamente acima (p.83-4). Não julgou, porém, que a outra parte da // argumentação, pela qual mostra que nenhuma coisa é universal, precisasse de apreciação porque ela não era sofística. Com efeito, ele toma a coisa como coisa, não como palavra porque, evidentemente, a palavra comum, embora seja em si mesma como que uma coisa una em essência, é comum pela designação na denominação de muitos, de acordo com tal denominação, evidentemente, e não de acordo como a sua essência, é predicável de vários. Todavia, a multidão das próprias coisas é causa da universalidade do nome porque, como lembramos acima (p.91), não é universal senão o que contém muitos; entretanto, a universalidade que a coisa confere à palavra, a própria coisa não a tem em si mesma, porquanto tanto a palavra não tem significação por causa da coisa quanto um nome é julgado ser denominativo de acordo com a multidão das coisas, embora não digamos nem que as coisas significam, nem que são denominativas.

SOBRE O LIVRO

Formato: 14 x 21 cm
Mancha: 23 x 44 paicas
Tipologia: Venetian 301 12,5/16
Papel: Pólen Soft 80 g/m² (miolo)
Cartão Supremo 250 g/m² (capa)
1ª edição: 2005

EQUIPE DE REALIZAÇÃO

Coordenação Geral
Sidnei Simonelli

Produção Gráfica
Anderson Nobara

Edição de Texto
Maurício Baptista Vieira (Preparação de Original)
Andréia Schweitzer e
Sandra Garcia Cortés (Revisão)
Oitava Rima Prod. Editorial (Atualização Ortográfica)

Editoração Eletrônica
Oitava Rima Prod. Editorial

Rua Xavier Curado, 388 • Ipiranga - SP • 04210 100
Tel.: (11) 2063 7000 • Fax: (11) 2061 8709
rettec@rettec.com.br • www.rettec.com.br